挑战经理人系列 ③ 《哈佛商业评论》案例研究精选

战略遭搁浅，怎么办？

《哈佛商业评论》编辑组 编
刘安国 译

商务印书馆
2005年·北京

When Your Strategy Stalls,
What Will You Do?

Original work copyright © Harvard Business School Publishing Corporation.
Published by arrangement with Harvard Business School Press.

图书在版编目(CIP)数据

战略遭搁浅,怎么办?/《哈佛商业评论》编辑组编;刘安国译.—北京:商务印书馆,2005
(挑战经理人系列)
ISBN 7-100-04591-6

Ⅰ.战… Ⅱ.①哈…②刘… Ⅲ.企业管理 Ⅳ.F270

中国版本图书馆 CIP 数据核字(2005)第 078012 号

所有权利保留。
未经许可,不得以任何方式使用。

战略遭搁浅,怎么办?
《哈佛商业评论》编辑组 编
刘安国 译

商 务 印 书 馆 出 版
(北京王府井大街36号 邮政编码 100710)
商 务 印 书 馆 发 行
北京瑞古冠中印刷厂印刷
ISBN 7-100-04591-6/F·561

2005年12月第1版　　开本 650×1000 1/16
2005年12月北京第1次印刷　印张 14¼
印数 10 000 册

定价:36.00元

商务印书馆—哈佛商学院出版公司经管图书翻译出版咨询委员会

(以姓氏笔画为序)

方晓光　盖洛普(中国)咨询有限公司副董事长
王建铆　中欧国际工商学院案例研究中心主任
卢昌崇　东北财经大学工商管理学院院长
李维安　南开大学国际商学院院长
陈国青　清华大学经管学院常务副院长
陈欣章　哈佛商学院出版公司国际部总经理
忻　榕　哈佛《商业评论》首任主编、总策划
赵曙明　南京大学商学院院长
涂　平　北京大学光华管理学院副院长
徐二明　中国人民大学商学院院长
徐子健　中国对外经济贸易大学副校长
David Geohring　哈佛商学院出版社社长

致中国读者

　　哈佛商学院经管图书简体中文版的出版使我十分高兴。2003年冬天,中国出版界朋友的到访,给我留下十分深刻的印象。当时,我们谈了许多,我向他们全面介绍了哈佛商学院和哈佛商学院出版公司,也安排他们去了我们的课堂。从与他们的交谈中,我了解到中国出版集团旗下的商务印书馆,是一个历史悠久、使命感很强的出版机构。后来,我从我的母亲那里了解到更多的情况。她告诉我,商务印书馆很有名,她在中学、大学里念过的书,大多都是由商务印书馆出版的。联想到与中国出版界朋友们的交流,我对商务印书馆产生了由衷的敬意,并为后来我们达成合作协议、成为战略合作伙伴而深感自豪。

　　哈佛商学院是一所具有高度使命感的商学院,以培养杰出商界领袖为宗旨。作为哈佛商学院的四大部门之一,哈佛商学院出版公司延续着哈佛商学院的使命,致力于改善管理实践。迄今,我们已出版了大量具有突破性管理理念的图书,我们的许多作者都是世界著名的职业经理人和学者,这些图书在美国乃至全球都已产生了重大影响。我相信这些优秀的管理图书,通过商务印书馆的翻译出版,也会服务于中国的职业经理人和中国的管理实践。

20多年前,我结束了学生生涯,离开哈佛商学院的校园走向社会。哈佛商学院的出版物给了我很多知识和力量,对我的职业生涯产生过许多重要影响。我希望中国的读者也喜欢这些图书,并将从中获取的知识运用于自己的职业发展和管理实践。过去哈佛商学院的出版物曾给了我许多帮助,今天,作为哈佛商学院出版公司的首席执行官,我有一种更强烈的使命感,即出版更多更好的读物,以服务于包括中国读者在内的职业经理人。

在这么短的时间内,翻译出版这一系列图书,不是一件容易的事情。我对所有参与这项翻译出版工作的商务印书馆的工作人员,以及我们的译者,表示诚挚的谢意。没有他们的努力,这一切都是不可能的。

哈佛商学院出版公司总裁兼首席执行官

万季美

目录 CONTENTS

引言

朱利娅·柯比　001

案例一　管理成熟公司可能碰到的难题

约翰·斯特拉兴尼奇　017

案例二　走向全球化是祸是福

沃特·库莫尔　051

案例三　守住核心业务还是多元化发展

托马斯·J.韦特　085

案例四　一切为了成长

保罗·衡蒲　115

案例五　混合推销还是混淆目标

福特·哈丁　149

案例六　用另一个名字命名的玫瑰

丹尼尔·B.斯东　183

案例的作者简介　218

引　言

朱利娅·柯比

　　在《爱丽丝漫游奇境记》(Alice in Wonderland)一书中,刘易斯·卡洛尔(Lewis Carroll)向企业领导人提供了无尽的智慧。我们来体会一下红色女王所说的那句名言:"你知道,要保持在同样的位置上,你需要跑上好一气;如果你想到达另外一个地方,那么,你跑起来至少要有原先的两倍快!"(这一关于竞争的悲哀事实构成了《哈佛商业评论》上所载的"红色女王效应"这篇文章的基础,文章作者是斯图亚特·考夫曼)卡洛尔笔下的公爵夫人似乎更有点像管理学教练的样子——至少她具有那种把平常事情说得复杂的为组织心理学家们所具有的癖好:"做你看上去会像的那种人。"她把这句话作为她最重要的心得。"如果你喜欢我把它说得更简单的话,'绝对不要以为你自已不可以成为另外的样子,那种在别人看上去是另外样子的样子——对别人来说,情况也许会是,你现在的样子或者你可能成为的样子就是你已经表现出来的样子'。"

　　但是,也许卡洛尔最伟大的商业智慧就表现在爱丽丝和柴郡猫的一段对白上。

"你能不能告诉我,我应该走哪一条道?"

"这在很大程度上取决于你想到哪儿去,"猫说。

"我并不很在意去哪儿,"爱丽丝说。

"那么,你走哪一条道都没有关系,"猫说。

对于企业家来说,这个类比是再明白不过的事情,它所提出来的问题也是再明白不过的。天衣无缝的管理如果只是将你更快地引入错误战略道路上的话,那它究竟又有什么好处呢?确定为公司使命和利润目标服务的最好的前进道路是公司战略的精髓,它也是《哈佛商业评论》案例研究中的每一个人物所面对的问题。

作为故事来讲述的战略

在每一个月里,《哈佛商业评论》的案例部都要给出几个围绕企业困境讲述的短篇案例故事。针对有关的问题,有四位相关领域的专家将被邀请提出他们的见解。

一般而论,我们所采用的格式往往有助于解释"和人有关的问题",因为使用虚构的案例比使用理论框架能够更好地解释这类问题中和人的心理有关的难解的结。在管理案例部的几年中,我个人发现这一格式对于探索战略问题也是很有价值的。这部分是由于它处理的是管理科学中从某种程度上来说在知性上更有挑战性的方面,因而更能够引人入胜。在为丹·保罗(Dan Paul)(通用电气公司 CEO 杰克·韦尔奇的前战略计划员)和企业题材作家杰夫·柯克斯(Jeff Cox)的"企业题材小说"——《灵丹妙药》(The Cure)所写的书评中,我们看到《出版商周刊》(The Publisher's Weekly)也发现了同样的价值。书评说,那本书向想要了解最新管理动态的企业家一类的人提供了"一勺令人愉快的文学之糖"。但是,除了糖衣之外,虚构形式的案例还会给人以教训:企业里面没有哪一部分是没有人的——由于战略是留给组织中那些最有影响力的个人的,围绕战略所展开的剧情就更加精彩了。常常被抽象地甚至是数字式地处理的战略决策(且想一想波特的五种作用力,麦肯锡咨询公司的 7S)都是由激情、偏见以及所有其他动力所驱动的(这种动力可以在被驱动的高级管理人员之间发展起来)。

　　可能的情况是,你自己的组织正面临某些如这里的六个案例中所描述的相同的战略问题,这样的话,由评论人员提出的建议可能马上就能派上用场。从长期来看,有可能在整个企业管理生涯中,你会碰到所有这些问题。那么,你读这本书应该从哪里开始呢? 我们在这里做了一个简短的内容摘要,以帮助你作决定。

管理成熟公司可能碰到的难题

本部分的第一个案例是由约翰·斯特拉兴尼奇（John Strahinich）所写的，它对主流战略理论——布鲁斯·亨德逊（Bruce Henderson）就设定投资优先次序而提出的名噪一时的"成长份额矩阵"进行了批判。这一以市场成长率和市场份额为基础的矩阵分析，导致多元化公司只将目光盯住成长中的明星，以对抗那种过度投资于成熟业务的普遍倾向。据说，这些"现金牛"应该被挤奶，为投资于那些有更好成长潜力的业务单元提供资金。但是，如果你碰巧就是一位牧养这样的"现金牛"的经理，那么，你又该怎么办呢？在这一案例中的查理·克莱森特（Charlie Crescent）刚好处于这样的位置。他不甘心看着自己的部门慢慢地走近夕阳。他看到了许多创新的机会，想将本部门丰厚利润的一部分作为再投资返回到自己的业务当中去。这就使查理的老板处于两难之中：查理是一个很了不起的人，但是，由于他不愿意按当前的战略路径行事，他们应该把他替换下来吗？也许另一名经理会更容易满足现状。

对这一案例发表评论的大多数人并不把这个问题视为管理目标的冲突，恰恰相反，他们基本上把它看作是公司成长战略的失败。Ashridge 战略管理中心的麦

克尔·古尔德（Michael Goold）基本上全盘否定了他所称的"投资组合管理游戏"。他认为，管理层应该考虑公司不同业务的内在优点，并想方设法为每一类业务增加更多的价值。Bain公司的奥里特·嘉迪西（Orit Gadiesh）并不谴责投资组合管理，但他强调，本案例中的公司——萨根（Sargon）公司必须使自己的目标更加明确：它是想成为一家纯粹的投资组合管理公司，还是想成为一个使整体大于部分之和的"增值型母公司"。哈佛商学院的大卫·科利斯（David Collis）与古尔德意见相同，他认为，整个以"现金牛"为新兴业务提供资金的理念是错误的。他指出，资本市场是最有效率的资本配置者，萨根公司的每一个企业都应该有一个足够可靠的战略，那就是，公司必须能够凭自身的能力募集到必要的资金。Randall Textron公司的总裁珍妮·沃纳（Jane Warner）建议，随着萨根公司的管理层梳理清楚他们的战略计划，公司也许需要引入某些外部资源。如果当前管理团队已经在一起工作了很长时间的话，公司面临的各种问题可能会因为已往的互动模式而更加难以排解。

走向全球化是祸是福

沃特·库莫尔（Walter Kuemmerle）的案例给我们

带来了两类问题：一类问题是如何围绕国外市场来制定战略；另一类问题是先行者应该在多大程度上给自己加码以实现快速成长，并阻止行动迅速的模仿者的竞争。案例中的公司——DataClear公司是一家年轻的公司，它的基本软件可以朝着好几个不同的方向开发，并向市场销售。CEO格里格·麦克纳利（Greg McNally）所面临的重大决策，是集中精力为国内其他产业创造新的应用软件，还是以其当前的核心产品为依托走向全球？或者，公司应该同时做这两件事情吗？在欧洲舞台上出现的新的竞争者似乎使这一问题变得更加迫在眉睫。

四位评论员中只有第一位是看好全球化前景的。Yahoo公司国际经营部的资深副总裁希瑟·基伦（Heather Killen）认为，继续做一家美国国内的竞争者基本上不是一个好的选项。DataClear公司考虑通过结盟来建立立足点是对的。但是，它不应该与一家小型的、面向市场利基的公司结成合资企业，而应该找一家规模与SAP相当的企业做伙伴。然而，BCG的阿莉森·山德（Alison Sander）则建议CEO考虑其他的选项，如软件许可、网上销售、雇佣当地销售代表等。她与第三名评论员——风险资本家巴里·席夫曼（Barry Schiffman）都建议麦克纳利坚守住公司当前的发展道路，逐步在国内市场与愿意向它提供进入全球市场机会的公司建立紧密联系。对于席夫曼来说，该公司所

面临的问题是管理经验不足和缺乏为更快扩张所需要的资本。斯各特·希耐尔(Scott Schnell)的评论则是在上述两种观点之间寻求平衡。作为一家设在马萨诸塞州的软件公司的营销首脑,希耐尔承认 DataClear 公司必须在某一时间向国际扩张;不过,他相信挑战并没有紧迫到导致恐慌的地步。麦克纳利应该花几个月亲自领导战略的制定,同时他要记住,打造顶级产品和支持性组织基础设施,建立强有力的、严阵以待的市场地位是企业制胜的关键。

守住核心业务还是多元化发展

当企业正在做一样东西而且做得很好(如某一家广告公司正在从事很有创造性的作业)时,它要不要走出其核心能力之外,寻找途径为其客户提供更多的服务呢?这是由汤姆·维特(Tom Waite)给出的这一案例中所要讨论的根本性的战略两难问题。Advaark 公司的两位共同发起人和领导天才在无意中闯入了一个新的领域,即产品战略咨询领域并获得成功之后,对公司今后该怎样发展各执己见。乔治·卡尔德威尔(George Caldwell)提醒他的合伙人说:"当我们创建这一企业的时候,我们曾经达成共识:长期成功的关键在于坚守住我们做得最好的那一块,即创造令人难忘的广告。"但是，伊恩·拉佛蒂（Ian Rafferty）则用他自己的逻辑来反驳他的合伙人：与现有的客户做更多的业务可以减少总的销售成本。"我们知道我们还要向前发展，而且，现在我们有一家客户请求我们提供新的服务。我们到底为什么不能那样做呢？"

对于这一问题，评论人员自然也是各有各的回答。哥伦比亚商学院的约翰·O.惠特尼（John O. Whitney）提醒我们说："在公司垃圾堆上扔满了一些这样的公司，这些公司在追逐新机会的同时忽视了其核心业务存在的风险。"他给 Advaark 公司的忠告是：继续坚守其广告制作的核心业务。马里兰大学的罗兰·T.鲁斯特（Roland T. Rust）则给出了一个完全相反的建议。鲁斯特是"客户资产"价值毫无保留的提倡者，他认为，Advaark 公司的目标应该是增加其所有客户的终身价值。尽管出于不同的理由，在维尔京管理公司负责集团战略咨询的戈登·麦克科隆（Gordon McCallum）也同意这一观点。他说，这不单单是一个战略问题，而且是一个组织问题。这里的最大危险是，卡尔德威尔和拉佛蒂的顶呱呱的管理团队可能会因为意见不合而分裂。何不就让拉佛蒂以某种有限的、低风险的方式去试一试？归根结底，人的才智的重要性远远胜过战略的精致。麦克科隆说，在维尔京公司，"我们发现，领导组织的人的能力最终决定我们是生出小猪还是生出小马"。在最后的评论中，贝恩公司（Bain &

Company)的一名董事克里斯·祖克(Cris Zook),他也是即将出版的《从核心获得利润》一书的作者,他建议该公司应坚守其战略核心不动摇。他不仅批评了Advaark公司有可能偏离其核心业务,而且也批评了其客户GlobalBev公司的类似行为。祖克进一步列出了他为其咨询客户制定的评估战略成长举措的五个步骤。

一切为了成长

有些企业家经常喜欢引用一个与鲨鱼有关的事实——为了生存,它们必须永远向前游(至少要张开大嘴)。这似乎是对所谓"成长必然法则"的一个便捷的隐喻,即企业必须不断地成长,无论是有机地成长还是通过吃掉其他企业而成长,以免陷入一个螺旋式下降过程而不能自拔。但是,为成长而成长就真的是一个值得称道的战略吗?这便是保罗·衡蒲(Paul Hemp)给出的案例所提出的问题。这是一个用第一人称写出来的案例,它反映了其身为CEO的主人公在考虑一个大的收购行动时的心态。案例中的主人公尼奇·安纳普提克西(Nicky Anaptyxi)是美国的一个希腊移民。他拥有的Paragon机床公司一直在快速成长,而且他还准备收购MonitoRobotics公司。若成功的话,不仅会为公司带来更多的收入,而且会促成公司从产品供应商向解决方案提供商的转型。但是,公司首席财务官(CFO)威廉·利特菲尔德(William Littlefield)却对这一交易并不热衷。依照他的想法,现在已经到了Paragon机床公司终止其饱食的狂热,专心考虑其最基本的赢利问题的时候了。

评论人员们提出的第一项建议有点让人吃惊——如果考虑它的来源的话。兰德·阿拉斯科革(Rand Araskog)在他的前任哈罗德·格宁(Harold Geneen)将ITT建设成为一个庞然大物般的联合企业之后,又不得不大费周章去缩小它的规模。不过,他认为尼奇应该按自己的本能行事,买下这家公司。首先,因为这可能是正确的;其次,因为这符合他的个性。如果要他的任何战略能够被很好地实施,他必须是那种对他的战略有最大信心的人。肯·法瓦罗(Ken Favaro)在给出他的评论时显得很保守。作为马拉坎联合公司(Marakon Associates)——一家坚定不移地帮助客户全力创造价值的咨询公司的领导人,他注意到没有足够的证据表明,收购行动将在三年之内创造利润。三年内获利是风险资本家设置的共同目标,可供经理人参照采用。桑塔菲研究院的布赖恩·阿瑟(Brian Arthur)则认为,收购尝试是"一件明摆着的事情"。对于他来说,这一案例要讨论的与其说是企业成长,不如说是企业再定位。他相信,新的企业定位将能够产生足够的企业潜力,而这将证明由收购造成的暂时损失是值得承受的。最后,健康网(Health Net)的CEO杰伊·杰勒特(Jay Gellert)给出的建议恰恰是兰德·阿拉斯科革所不愿给出的。在领导他的公司进行战略转变,使公司从好几个令人失望的先前收购下来的业务中退出之后,他希望尼奇的分析具有更大程度的严密性。他也担心,CFO利特菲尔德可能会因为一项他不支持的交易而辞职——而这将敲响悬在华尔街上方的警钟。

混合推销还是混淆目标

销售管理顾问福特·哈丁(Ford Harding)设计了这一案例,以解释公司成长战略中的一个常见的问题:公司中面向客户的员工不能对公司其他部门所能提供的产品和服务进行"混合推销"。在TopTek公司,销售产品(公司生产的软件包)的人员与销售咨询服务的人员不能相互为对方推销产品。CEO约翰·凡特(John Vaunt)猜测,这里的问题以及解决问题的方法都与公司的薪酬管理体制有关。只要他能够从每个人的切身利益出发来制定公司的薪酬管理体制,使之能够代表更广范围的公司承诺,TopTek公司所期望的协同效应就会实现。然而,故事中显现的各种迹象表明,问题远远不只是与激励有关。

公司治理专家兰姆·查兰（Ram Charan），是就约翰·凡特眼中的盲点展开批评的第一位评论员。查兰说，凡特"正落入一个栽倒过很多 CEO 的陷阱，当这些 CEO 表现出太多的甩手掌柜脾气——指望着薪酬系统能把一切事情办好的时候，就很容易落入这类陷阱"。TopTek 公司如果能够依照查兰所描述的方法去培训它的推销员，情况可能会更好。IBM 保健和生命科学公司的总经理卡罗琳·A. 科瓦克（Caroline A. Kovac）则认为，TopTek 公司需要有一个更深层的文化转型。她对两类推销员作了一个有趣的区分：前一类推销员属于猎人，他们总是在马不停蹄地追逐新的业务；后一类推销员属于农民，他们必须悉心培植与客户的关系，然后才能指望在长期有所收获。TopTek 公司的员工必须顺利地接过销售解决方案的新使命。推销员薪酬设计专家杰瑞·科勒蒂（Jerry Colletti）就约翰·凡特应该如何设计 TopTek 公司的激励计划提供了很多有用的建议，帮助他激发他所需要的员工行为——不过，他还促请他首先去处理一些更为重要的问题。最后就案例发表评论的是菲德里哥·图勒嘉诺（Federoco Turegano），作为 Societe Generale 的投资银行集团的领导人，他对案例中提出的问题有亲身体验。那么，他针对这里的问题提出了哪些实用的建议呢？"TopTek 公司管理层需要管理这些阵营之间的紧张关系,但是,他们同时要认识到,有些磨擦是不可避免的——有磨擦并不一定就是坏事情。"

用另一个名字命名的玫瑰

本案例是由丹·斯东(Dan Stone)所写的,它涉及消费品行业中人人都熟悉的战略领域,谈的是渠道支配力由制造商向零售商的转移,尤其是私有标签商品的崛起。它讲述的是罗斯聚会用品公司(Rose Partyware)的故事。在故事的一开始,公司领导人就发现自己处于一个十字路口。一方面,雄心勃勃而又能干的销售经理极力鼓动管理层为一项新的、引人注目的品牌打造行动提供资金。另一方面,一家大的零售客户希望与公司就一项提供服务的幕后交易签约,即公司将作为该零售商想要投放到它货架上的新的私有标签系列产品的制造商。当然,私有标签业务的毛利润比罗斯公司过去常有的要小,而且一个显而易见的风险是,此举可能危及公司的品牌产品在那些店铺的销售。但是,如果公司不接受这项业务,零售商会把这项业务转给公司的一家竞争对手。这样,罗斯公司既要遭受销售损失,又得不到别的收入作为补偿。

第一位对这一案例展开评论的人士是私有标签

饮料制造商——科特公司（Cott）董事会主席、总裁兼首席执行官福兰克·韦斯（Frank Weise）。他自然相信，罗斯公司应该接受其零售商客户的要约，与之就产品开发积极合作。他解释说，最好的办法是，罗斯公司一边经营自己的品牌，一边要求零售商让它管理其商店中的全部产品类别。不过，锐步国际公司（Reebok International）的首席营销官米琪·潘特（Micky Pant）建议的战略则与此相反。打造品牌的行动尽管有风险，但可以使罗斯公司处于更加优越的地位，可以加强其未来的赢利能力。说一句不太好听的话，如果罗斯公司帮助零售商去建立品牌，尽管它在短期内可能会挣到一些钱，但是，"罗斯公司最终会搬起石头砸自己的脚"。沃顿商学院的斯蒂芬·霍赫（Stephen Hoch）的看法则居于上述两个观点之间，他建议罗斯公司应向私有标签业务进军。当然，他承认，这样做对大多数国内品牌制造商来说并没有太大的意义。按霍赫的观点，关键在于，不管罗斯公司走哪一条道路，它不能牺牲产品品质。《商店之战》一书的作者朱迪思和马赛尔·科斯廷斯给出了同样的评论，不过，他们的立场则处于天平的另一侧。他们的部分推理把战略本身的逻辑放在一边，更为强调在战略背后的决心的重要性。正如科斯廷斯所理解的，罗斯公司的管理层将需要投入更多的精力建设自己的品牌。

对本书最后一个案例所作的最后一个评论提出了一个理念,对于某些读者来说,这个理念有可能对本书造成不良影响。朱迪思和马赛尔·科斯廷斯是这样写的:"我们常常看到一些组织固执地想要选择一个最优的战略。然而,常常就不会有一个最优的战略,而且使用好几个战略可能会导致可持续的优势。与战略同样重要的是在战略背后的决心。"这不是一个孤立的理念。在一个近来流行"执行"一词的商业世界("执行"一词也是莱瑞·波西迪与兰姆·查兰最近所写的一本大部头商务著作所用的名称),我们每天都听到有关它的好几种不同的说法。

但是,大多数时候,对于大多数企业来说,有一个正确的战略的确非常重要。由于需要做战略决策的场合并不太多,而且战略决策的影响巨大,因此它们特别值得我们去认真研究。在此,我们可以再一次从刘易斯·卡洛尔那里寻求教益。让我们来回忆上文离开爱丽丝时的情景,那时,她不知道应该走哪一条道,柴郡猫则告诉她,走哪一条道都没有关系。"——只要我能够到达某个地方,"爱丽丝又加上一句话作为说明。"啊,你肯定能够到达某个地方,"猫说,"只要你走得足够远。"

在今天的商业环境中我们很少有人能够奢侈到走很远的路。阅读这些案例,提出你自己的见解,与专门的评论人员对比你所作的评论,你会成为一个更有经验的战略思考者。沿着这条道向前走吧,你说不定可以省下好几步路呢。

案例一

管理成熟公司可能碰到的难题

约翰·斯特拉兴尼奇

案例提要

萨根（Sargon）公司的总裁杰克·马洛（Jack Marlowe）正在致力于解决一个自他加入公司以来最难解决的问题：对萨根公司成熟的家用器械生产部门阿塞尔（Arcell）公司作何处理，以及对阿塞尔公司的总裁查理·克莱森特（Charlie Crescent）作何安排？

CEO哈尔·赫斯特纳斯（Hal Hestnes）和马洛正在为萨根公司树立一个多元化产品制造商的新形象。从前该公司是一家小型防卫武器承包商。公司的业务包括刹车系统、电信设备零部件和语音识别系统。萨根公司最近还收购了一家生产网络路由器与HUB的公司。但是，华尔街对萨根公司战略的前景似乎看得很暗淡。它似乎认为萨根公司会因为过度扩张而力不从心。

阿塞尔公司被指望从这里开始切入。萨根期望阿塞尔为母公司未来的投资提供大部分现金来源。马洛已经向克莱森特清楚地表明，他希望阿塞尔公司逐渐把业务收缩下去，克莱森特也说他明白这一点，但他的行动却并非如此。他一个劲地请求将其利润的一部分返回给阿塞尔进行再投资。

案例提要

马洛面临好几个问题：他要把克莱森特换下来吗？如果答案是肯定的话，他该把这位有价值的员工往哪儿摆？任何取代克莱森特的人会不会因为必须领导一个被公司视为"现金牛"的单位而心情沮丧？

在这一虚构的案例中，有四位专家为马洛所面临的问题支招：一位是公司战略专家麦克尔·古尔德（Michael Goold），一位是一家战略咨询公司的董事会主席奥里特·嘉迪西（Orit Gadiesh），一位是企业管理教授大卫·科利斯（David Collis），还有一位是一家多元化产品制造公司的总裁珍妮·沃纳（Jane Warner）。

哈尔·赫斯特纳斯一边从大厅向办公室走去,一边说:"'从刀剑到犁铧',杰克,你可要记住。"

"还有,'从大炮到黄油',"杰克·马洛回答说,并好不容易地向老人挤出一丝微笑。

"从刀剑到犁铧"的口头白始于他们两人之间的一句玩笑话,这是两人对他们的公司——萨根公司未来形象的一个隐喻。话听上去虽然很生硬,但却准确到位。早在几年前,这两句短语就出现在国内一家月刊杂志上。短语的创作者用它们来描述董事会主席兼CEO赫斯特纳斯提出的战略。这两句短语几乎成为赫斯特纳斯与马洛——萨根公司49岁的总裁——天天要吟唱的赞美诗,尽管这话的幽默并不见减少。两个人的计划是为萨根公司树立一个多元化产品制造商的新形象。从前它是一家小型防卫武器承包商,如今公司主要生产通用器械——以充分利用全球市场上不断增长的新经济所带来的机遇。

目前,对于马洛来说,所有的幽默已经不再,因为他正在致力于解决一个自他作为一个初出茅庐的年轻人——一个商学院的毕业研究生——加入萨根公司以来最难解决的问题:对萨根公司的家用器械生产部门阿塞尔公司作何处理,以及对阿塞尔公司的总裁查理·

克莱森特作何安排?

马洛在心里面不停地回放他与赫斯特纳斯在午餐时的对话。"杰克,这几周来我们一直在谈这件事情,真是伤透脑筋了,"赫斯特纳斯说,"我们要让克莱森特走人吗?要不,我们将他留下来,但把他为阿塞尔公司制定的计划晾在一边?或者说,将他调到另一个部门?如果答案不是上述选项中的任何一项,而是选项D的话,我们到底又该怎么办?"

马洛一边看手表,一边靠左走着,走过一排排的座椅,座椅一直延伸到他的办公室。此时是下午刚过一点,离他和赫斯特纳斯计划中前往某个慈善募捐会场的时间不到五个小时。"在进城的路上我还想更多地听一听你对这件事情的看法,"赫斯特纳斯说。马洛猜想他是不是最好能够提出一个解决方案来。

马洛示意他的助理斯特夫·费瑞斯到办公室来,要她取消下午所有的约会安排,并回绝所有的电话。

"也包括与克丽丝·福瑞德的会面吗?"费瑞斯问。她指的是萨根公司的R&D主管。"她实在需要与你一起讨论有关预算的建议。"

"如果她能把它压缩到十分钟之内,就让她进来吧,"马洛说,"要不,就必须等到明天了。"

"好的,我这就告诉她,"费瑞斯说。

马洛在办公桌前坐下来,又将注意力转移到他从抽屉里拿出来的黄颜色的法律文件簿上。费瑞斯称之为"会思考的文件簿"。当她飘然走出办公室的时候,他已经潦潦草草地写好了半个页面的记录内容。

随着马洛开始勾画问题的框架,他告诉自己：对了,要做的第一件事情就是从当前的事态中释放掉情感因素。

这就意味着要放下他心中对老人存有的任何怨恨,因为这老家伙将问题赤裸裸地提了出来。好你个老东西!赫斯特纳斯只比他小11岁,但他在掌管萨根公司的时间里已经学到了很多,这使马洛想起了那些前前后后的美国总统的照片。当然,赫斯特纳斯是对的。他们这几周来的确一直是在谈这件事情,的确是伤透脑筋了。

马洛想,还是从赫斯特纳斯的角度考虑一下问题吧。萨根公司的非防务业务包括从家用器械(赫斯特纳斯的前任早在20世纪70年代就开始了这项业务),到机动车辆的刹车系统(这一直是萨根公司的一项副业),到电信设备零部件(赫斯特纳斯在1983年发起的一项业务),到保安业用的语音识别系统(1989年收购的一项业务)等五花八门的业务。到今年年底,这些业务预计将占萨根公司利润的一半。这可是公司自1977年以来长期发展的结果。当时,赫斯特纳斯已经接手管理公司,而且公司的防务业务事实上正为公司贡献所有的利润。好消息也就是这样多了。

不好的消息是,尽管公司现在有大把大把的现金

流,负债也很少,而且公司目前正在实施一项股份回购计划,可是华尔街对赫斯特纳斯战略的前景似乎看得很暗淡。业内人士也并不十分接受萨根公司的新的身份与形象。公司最近对Cyberam——一家网络路由器与HUB制造商的收购事实上并没有得到萨根公司总部以外的人士的赞赏。Cyberam公司有很大的潜力,但是,却没有多少市场份额。收购Cyberam对萨根来说也显得有些牵强,因为它超出了公司当前的制造能力。媒体和华尔街对赫斯特纳斯有没有能力使此举成功已经表示怀疑。

可是,这里便是阿塞尔公司被指望去发挥作用的地方。萨根公司不断缩小的防务业务仍在为母公司未来的投资提供现金来源,但是,现在萨根公司期望阿塞尔公司提供现金来源中的大部分。从第一天起,赫斯特纳斯对阿塞尔在公司中扮演的角色的看法也就是这样了。两年前,当查理·克莱森特接手管理器械部门时,在赫斯特纳斯的全力庇护下,他所做的第一件事情就是发起一场部门合并和削减成本的重大行动。在这两年里,他已经将阿塞尔公司的经营毛利率从2%提高到7%。

存在的问题是,克莱森特似乎并不总是顾全萨根公司的大局。他对质量的坚持当然值得赞赏,他也积极参与公司推广最佳方法与转化技术的行动计划。事实上,他目前正与克丽丝·福瑞德就一个项目密切合作:对在萨根公司研制的导弹上使用的隔热材料进行调配，使之能够应用于阿塞尔公司的顶尖级的微波炉。同时，克莱森特也正在一个劲地请求，请求将其利润的一部分返回给该产品组进行再投资，以购买最新的机器设备，为采购部门添置先进的计算机系统，在中国建立销售队伍——为这个，为那个，以及为别的什么事情。马洛认为，从一开始他就已经向克莱森特讲得很清楚，萨根公司希望阿塞尔公司逐渐把业务收缩下去，克莱森特也说他明白这一点，但他的行动却并非如此。

更糟糕的是，每当马洛拒绝他的请求时，克莱森特似乎会变得越来越离心离德。他的不满有时候近乎敌意，甚至会走向完全的不服从。比方说，他一直不遗余力地掩饰他对萨根收购 Cyberam 一事的真正想法。在得到内部宣布同意收购的消息后的几分钟内，克莱森特一直在和马洛通电话。

> "如果你不能让我们充分发挥自身的潜力，我可拿不出办法来激励我的人马了。"

"你们这班在东部的家伙似乎对玩斗牛的游戏乐此不疲，"克莱森特不无讥讽地说，"无怪乎你们把我们这些处在中心地带的人当作'现金牛'埃尔茜来对待。不过，我要告诉你，我并不认为这是一着好棋。除非你

略遭搁浅，怎么办？

给我们所需要的东西从而让我们继续成长,你再不能指望我们作为你们的安全网来使用。你在强迫我们停滞不前,杰克。如果你不能让我们充分发挥自身的潜力,我可拿不出办法来激励我的人马了。"

马洛说了一些话,让他暂时平静下来。马洛先是说,他认为克莱森特关于增加R&D基金以及增加投资以建立一个经销商网络的建议很可取,然后又让他放宽心,说他正在认真考虑这些事情。但是,他也感觉到他的保证并没有收到预期的效果。马洛本人对克莱森特的想法并不十分热衷,他知道赫斯特纳斯是不会同意的。克莱森特也许持有同样深的疑虑。他的政治存活术只在打电话的时候管用——他不至于进一步爆发,但是他一挂掉电话,也许就开始骂人了。

马洛不由自主地笑了起来。克莱森特总是说不赢他的。马洛对自己的这一性格特点颇为得意。两个人的故事要追溯到很远很远的时候。多年前,马洛被派到阿塞尔公司在印第安纳的总部去从事一项故障检查作业。克莱森特当时是公司最年轻的工厂主管,两个人很快就成了好朋友。克莱森特似乎熟悉阿塞尔公司的每一个角落,每一项工作,以及每一个人。他开玩笑说,他应该这样,因为一半的员工都是他的亲戚。但是,马洛更加了解的是,克莱森特天生就是一个领导人物。"你越是去领导,"克莱森特会眨一眨眼,然后接着说,"你越是不需要管理。"

马洛需要去走一会儿了。他一离开办公室,两眼就紧紧盯着离他有1 000码的远处,这是他在越南形成的习惯,可以让过路人打住他们的闲聊。他走进洗手间,将凉水泼到脸上。在回办公室的路上,他注意到费瑞斯在打电话。她手握着听筒,口里叫着克丽丝·福瑞德的名字。

"帮我把她接过来,"马洛说。

一进办公室,马洛就拿起电话。

"克丽丝,对不起,今天下午我失约了,"他说。

"没关系,"福瑞德说,"斯特夫说你很忙。她给我留了字条,叫我明天上午过来。"

马洛很欣赏福瑞德沉得住气,也很佩服她的判断力。他决定就克莱森特拐弯抹角地征求她的意见。

"阿塞尔公司的项目进展得怎么样?"马洛问。

"很好,"福瑞德说,她可不上他的钩,"我们明天可以讨论它。"

"不,用不着明天,"马洛说,"我现在就想听听关于项目的事。你给我粗线条地讲一讲吧。"

福瑞德向他说起她的实验室目前在研制的涂层工艺,通过这道工艺,可以将导弹材料喷涂在阿塞尔公司的微波炉上。"这比我们目前的工艺仅仅节约了5%,"她不无歉意地说,"而且我们还没有看到在耐用性方面有我们所希望的那样大的改善。不过,坦白地说,我想这已经是我们所能做到的最好的了。"

"嗯，"马洛问，"查理是怎么说的呢？"

"查理正在犹豫，"福瑞德终于说了出来，"他要我们花更多的时间进行研究。起初，我们以为我们可以将成本降低10%。"福瑞德又慢条斯理地说出后面几句话："查理似乎相信客户会以为我们降低了我们的标准。客户中的对照组似乎对新微波炉的表面感到不太满意。查理认为，如果我们就这样把产品推出去，客户会把它看作是一个降低成本却不带来任何好处的举动。其实，他真的认为他可以坐在一个改进过的微波炉的顶面上。但是，启动这个项目的本意是降低成本以及找到某种方法将公司的某个部门的专门技术在全公司范围内推广。现在的问题是，在这个节骨眼上，我们的时间玩完了，钱也玩完了。我们不可能永远这样玩下去。我们已经需要转向去做电信产品部门的项目了。"

"你为什么不早点告诉我？"马洛说，差一点就掩藏不住他的恼怒。

"最近你自己就已经成为众矢之的了，"福瑞德说，"因此，我想我还是等到开预算会议时再说吧。但是，说句坦白的话吧，杰克，如果查理现在决定不再搞这个新的微波炉顶面的话，我会马上终止这个项目，也可以多省下几个钱。"

马洛终止了谈话，答应上午再多让出一些时间讨论这一问题，然后回到了即将面对的问题上：对克莱森特和阿塞尔公司该怎么办？马洛知道赫斯特纳斯心中已经有了一个替代人选——帕特·詹姆森(Pat Jameson)，他是电信产品部门的二号人物。詹姆森在收购Cyberam公司时一马当先，干过很多跑腿活，使Cyberam公司得以安稳无事地纳入萨根家族。她很能干，但马洛不能肯定她有经营成熟企业(如器械生产的大型企业)所需要的气度和耐心。此外，克莱森特仍然普遍受人尊敬，尽管他在公司采取过令人痛苦的裁员措施。将他替下来可能会让詹姆森处在一个很难处的位置上。

就阿塞尔公司目前所处的位置而言，谁说詹姆森不会像克莱森特那样行事呢？克莱森特有他的个性，这是毫无疑问的。而且，也很难让他在萨根公司战略会议上坐上两个小时，光听人谈Cyberam公司的发展计划、语音识别系统开发部的发展计划和电信业务的发展计划。通常，克莱森特在这样的会议上只用十分钟去发言，而这十分钟刚好够赫斯特纳斯去听诸如"阿塞尔公司的经营业绩正如人们所期望的"之类的话。克莱森特脸上总是带着不高兴的神情。詹姆森会不会也变得如此沮丧呢？萨根公司应该怎样去激励那些不被期望继续发展的公司的领导人？

如果他们真的要将克莱森特换下来的话，那么，该将他往哪儿摆呢？他很有价值，让他走可不成。也许，我要做的事情是让赫斯特纳斯平静下来，稳稳地坐上几个月。

"以少为多，以不变应万变，哈尔，"马洛不禁叫出声来。

他在想，毕竟，当中国和东欧开放的时候，阿塞尔公司会有很好的机会去获取市场份额——更多的市场份额。克莱森特有一个扩张计划，他也有他必须管理的组织——他需要去激励的人。它与萎缩中的防务业务部门根本不同，这些部门的领导都已经接近退休年龄，对推动公司继续发展壮大根本不感兴趣。此外，其员工都已经相当平稳地转移到萨根公司的新的业务部门，或从公司脱离开来。不过，中国和东欧会以克莱森特所预期的方式开放吗？萨根有能力在向公司的关键成长业务提供合适支持的同时也支持克莱森特的计划吗？Cyberam公司需要人牢牢地掌管。语音识别系统部门目前正与电信部门分享场地和管理人员，它需要有稳定的投资帮助它成长，以占领市场利基。哈尔·赫斯特纳斯不是那种你可以告诉他站好了什么也不做的人。

费瑞斯敲了敲门，把头探了进来。"5点45分了，你最好准备一下，"她说，"如果你不再需要我的话，我可要走了。"

"谢谢你帮我把门带好，"马洛说。当她转身关好门之后，马洛穿上小礼服，抓起他的外套和手提箱，匆匆走向大楼的前门。汽车已经在门口停下，赫斯特纳斯正坐在后座上等他。马洛钻进车内，随手拉上了车门。

"你先等会儿，不用着急，"赫斯特纳斯一边拉起内侧的玻璃窗，以免受人打扰，一边对司机说，"马洛先生要和我说点事儿。"

| 马洛应该向CEO如何进言？

麦克尔·古尔德

奥里特·嘉迪西

大卫·科利斯

珍妮·沃纳

麦克尔·古尔德

麦克尔·古尔德是 Ashridge 战略管理中心的主任，那是一家设在伦敦的研究、培训和咨询机构。他研究的主要课题是公司战略和多业务公司的管理。古尔德是《公司层次战略——在多业务公司中创造价值》(Corporate-Level Strategy: Creating Value in the Multibusiness Company)（约翰·威利父子公司，1994 年）和《公司战略与风格》(Strategies and Styles)（巴西尔·布莱克威尔公司，1987 年）两部书的作者。

作为萨根公司的总裁，杰克·马洛负责实施该公司的公司层次战略。在这样的战略之下，阿塞尔公司作为成熟的家用器械业务部门的角色是为公司提供现金，以便萨根公司能够将其再投资到更新的、成长更快的业务（如 Cyberam）中去。但是，马洛也意识到，一味地从阿塞尔榨取尽可能多的现金，可能会抑制该部门的发展，还可能会使由查理·克莱森特领导的有突出能力的、成功的管理团队士气受挫。一些公司领导将成熟的业务部门当作"现金牛"而去"挤奶"，以便为投资组

合中其他更为重要的项目提供资金,将不可避免地导致这样的冲突和怨恨。

马洛面临的两难困境其实并不难解决。他必须立即停止玩平衡投资组合的游戏。换言之,他不能再指望将萨根公司所有成熟业务简单地作为现金提取机使用,以便所有新的业务迅速成长而榨干成熟业务提供的现金。恰恰相反,他应该考虑公司拥有不同业务的内在好处,并认真思考萨根作为母公司应该如何向每一项业务加入更多的价值。

我们还是从阿塞尔公司开始吧。该公司最近的业绩非常可观。难怪克莱森特越来越雄心勃勃,要求对新产品、新设备和新市场进行投资。这里要求马洛和CEO 哈尔·赫斯特纳斯作出的关键判断是确定这些投资建议是否可行。如果他们认为可行,就应该给予克莱森特尽可能多的鼓励和支持。如果他们认为不可行,就应该制止住他的野心并驳回他的提议。作出这样决定的基础是阿塞尔公司建议所具有的优点,而非Cyberam 公司或任何其他业务部门的需要。不然的话,公司领导到头来很可能会毁灭价值而非创造价值。

> 萨根公司也许将其多元化计划推进得过于远离其成熟的"心脏地带"业务。

现在我们来考察萨根公司成长中的业务部门。母公司对业务进行了多元化拓展，以便公司能够从其防务业务撤身。毋庸置疑，公司已经在制造业领域占据了相当广的地盘。不过，我怀疑萨根是否具备它所需要的能力来成功地管理它的新业务。诸如"从刀剑到犁铧"之类的口号固然很中听，但是它们往往会掩盖这样一个事实：对一个公司可以管理好什么样的业务并为业务增值这一问题缺乏严密的思考。我怀疑赫斯特纳斯和马洛是不是把萨根公司的多元化计划推进得过于远离其成熟的"心脏地带"业务。对于需要什么来促成在诸如防务、家用器械、电信零部件和语音识别系统等如此大不相同的业务上的成功，很难说他们心里已经有了一个好的计划。如果是这样的话，在这些多元化业务上的进一步投资要有所斩获是不大可能的。华尔街也许已经指出了其中的问题，这也就是为什么华尔街对赫斯特纳斯战略的前景看得很"暗淡"的原因。

那么，马洛该做些什么呢？首先，他不必为萨根公司投资组合中的其他业务过分担心；相反，他必须想出如何帮助阿塞尔公司改善其业绩的办法来。对于成熟的业务，公司领导要做的是采取一种适当低调的做法，以杜绝那些过度野心勃勃的扩张或多样化计划。如果马洛断定克莱森特对他所可能取得的成就过于乐观，他就应该向阿塞尔公司的管理团队清楚地解释为什么他们得不到他们想要的资金。如果在最极端的情形下,他认定克莱森特的做法完全脱离企业的现实,他可以决定另派一位强势的经理去管理阿塞尔公司。

另一方面,如果马洛断定克莱森特真正发现了某些有价值的机会,他就应该竭尽一切努力帮助公司取得成功。这也许意味着提供更多的投资、更多的技术帮助和其他一些支持。在这种情形下,通过提供来自公司中的其他地方或公司之外的技术和资源帮助成熟的公司实现其目标,公司领导可以为公司增加更多的价值。在任何情况下,马洛在原则上都必须清楚地表明,他完全愿意支持对阿塞尔公司的投资,他相信这样的投资可以为萨根公司的股东取得可观的回报。

现在,马洛也许对阿塞尔公司投资建议的品质不太有把握。如果是这样的话,他需要花更多的时间来研究这件事情,以便形成最终的意见。他应该制定计划,与克莱森特和阿塞尔公司的其他经理人员们一起坐下来,充分研究和讨论他们的想法,以形成他们自己对此事价值的独立判断。对成熟企业的公司高层领导人高明之处的判别,在于其对企业所面临的真正机遇与潜伏危机的理解,而不在于其根据某些平衡投资组合的理论概念作出精明判断的意愿。

这就把我带到了马洛所面临的第二项挑战。他必须说服赫斯特纳斯重新考虑萨根公司的层次战略。萨根公司选择拥有什么样的业务才会是有意义的?公司团队目前拥有什么样的技术和资源,让它们可以最有效地用于什么样的业务？萨根公司如何从其成熟的业务里面得到更多？如此广泛地多元化真的符合股东或任何其他利害关系方的利益吗？什么样的业务增长和财务目标是现实的,是可以取得的？

　　要就这些问题达成一致还有相当长的路要走。赫斯特纳斯如果听到马洛对当前的困境拿不出一个当机立断的解决方案的话,也许不会很高兴。但是,除非更大的战略问题得到解决,否则萨根公司将继续受到诸如阿塞尔公司之类的业务部门或克莱森特那样的经理人的困扰。尽管每一个人都工作得很努力,但是整个组织中的问题还会层出不穷。

奥里特·嘉迪西

奥里特·嘉迪西是 Bain 公司的董事会主席,那是一家设在马萨诸塞州波士顿的国际战略咨询公司。

杰克·马洛不应该指望这个问题会很快得到解决。他和赫斯特纳斯需要开始共同处理至少五个关键的战略问题。如何安排查理·克莱森特将取决于上述问题的答案,也许很久以前他们对此就已经达成了一致。我想在这里把这些问题列出来,因为马洛也许会把这些问题反映给萨根公司的 CEO。

作为母公司,我们的使命是什么? 萨根公司是不是要成为一个纯粹的投资公司,其主要目的是不是通过买卖企业来得到现金?如果是这样的话,赫斯特纳斯和马洛当然会如财务经理一样去办事,在大部分时间都使自己超然物外,不为部门层次的管理问题所困扰。抑或他们需要萨根公司成为我这里所称的增值型母公司,通过管理组织的核心能力在其各个部门创造协同效应,使整体大于部分之和?华尔街对该公司的反应并不热烈可能反映了这样一个事实:分析家们已经探察到公司领导人的头脑处于混乱状态。

不幸的是,赫斯特纳斯和马洛所提出的公司使命——"为萨根公司树立一个多元化产品制造商的新形象,以充分利用全球市场上不断增长的新经济所带来的机遇",并没有说清楚他们希望萨根成为什么样的公司。他们的行动也没有清楚地表明这一点。一方面,他们想收购一些新的业务并使之成长。另一方面,他们一直试图让不同部门分享人员和技术。现实问题是,除非他们非常清楚他们的战略意图,否则他们在哪一方面都不会做得很有成绩。

收购Cyberam公司之举表明,缺乏清晰的思路会把公司引向何方?Cyberam公司似乎并不是一家全球性的公司,它没有可观的市场份额。在依投资组合战略行事的场合,对于将企业买来后养大、养大后再卖的运作来说,它似乎不是一个好的候选者。而且,它既不依靠、也不会扩展萨根公司的核心能力。它能够以怎样的方式向公司其他部门增添价值?此外,有人会认为,如果赫斯特纳斯和马洛想在全公司范围分享技术的话,他们在决定收购时应该集中公司不同部门的高级经理人员进行讨论。在收购Cyberam公司之前,他们肯定没有征求克莱森特的意见。

什么是萨根公司的具体目标?赫斯特纳斯和马洛想过没有,他们希望公司在一年之内发展到什么程度?五年之内又怎样?十年呢?CEO可不可以只关注公司的成长,却不注意确保成长的结果有利可图?

成长得很快、但从不赢利的公司真是太多了。Bain公司最近考察了1 500家年收入在10亿美元以上的公司,发现只有不到10%的公司能够在以8%的年增长率增长的同时又挣回其资本成本。如果赫斯特纳斯和马洛要避免这一陷阱的话,他们需要了解其业务成长的动力机制。他们应该通盘考虑他们所处的每一产业的基本经济学原理,并预计他们如何能够使萨根公司在每一产业都成为真正的玩家——头号或第二号的公司。如果他们关注有利润成长的话,他们会更好地理解有关的权衡取舍,以及他们所采取的每一举措的短期和长期含义。

那么,我们怎样才能实现有利润的成长呢?赫斯特纳斯有没有预见到,萨根公司的持续成长完全依赖于对其他公司的收购?或者,他也想让它有机地成长。换言之,通过业务扩张或通过它业已拥有的技术实现成长?根据我的经验,最为成功的成长型公司是那些有机地建立在核心客户或核心能力基础上的公司。

作为一条规则,有机成长的公司具有以下品质。

> 他们的高层经理真心实意地追求变革。赫斯特纳斯和马洛似乎不敢肯定他们究竟持什么立场。

> 高层管理团队的所有成员对未来有一个共同的、一致的看法。马洛和赫斯特纳斯的观点显然并不一致。克莱森特与他们两人都有冲突。

这里根本就不存在步调一致。

> 他们的经理人员愿意冒那种经他们掂量过的风险，以实现他们为自己定下的目标。在投资过程中，他们会为每一项投资决策提出一套经过深思熟虑的依据。如果这些依据在时间前后上具有一致性，组织中的其他人就会明白如何去就可能的投资项目自行地去作决定。这里，赫斯特纳斯和马洛似乎并没有这类依据，通过它们可以向克莱森特解释为什么他的投资想法行不通（如果他们的确认为是行不通的话）。

> 他们总是观望竞争对手，并且特别强调以客户为中心。他们知道市场份额和市场主导者的价值。赫斯特纳斯和马洛不断地驱动他们的公司进入具有不同客户和不同竞争对手的业务领域，这使得公司要把精力集中在任何一个业务领域都不那么容易。同时，他们对这一事实视而不见：那些新的业务其实并不具有市场主导者的地位。值得称道的是，克莱森特似乎很了解他的客户喜好什么，不喜好什么，这使我感到他对阿塞尔公司在这一产业所具有的潜力也许有着真正的了解。他管理的组织似乎反应迅速而灵活，一旦他得到赫斯特纳斯的首肯，他们随时能拿得出一个公司战略的修改本来。但是，克莱森特可能是孤掌难鸣。这就把我们引向下

一个问题。

在母公司萨根,我们如何管理不同的业务部门以实现公司的总体目标?在这样的情形下,赫斯特纳斯和马洛应该认真去想一想"现金牛"的定义及其使用场合。他们是想尽快掏空阿塞尔公司,还是想在对它进行投资之后,再对它一点一点地"挤奶"呢?目前他们正在做的似乎是前者。但是,如果他们决定把这一部门当作"现金牛"来处理的话,我会以为后者将是更好的选择。萨根公司新的业务可能在很长一段时间内都会需要现金。

另一方面,即使管理层断定阿塞尔公司所从事的是成熟的业务,为什么成熟的业务就不能被作为一个发展的引擎或发展的平台呢?赫斯特纳斯和马洛也许在考虑让克莱森特通过扩展其对核心客户的产品供应来继续发展阿塞尔公司的业务。在推进这一战略方面,USAA是一个好的榜样。它不断地扩展它向其现有客户提供服务的范围。否则,他们也可以让阿塞尔公司全心全意地专注于自己的核心能力,以便获得更多的市场份额。例如,它也许可以通过在全球范围内对相关业务进行收购,巩固其作为低成本生产者的地位,正如Emerson电器公司所做过的那样。

这里想要说明的一点是,赫斯特纳斯和马洛必须了解什么是驱动萨根公司每一项业务与众不同的因素。公司的每一个部门如何取得最大的绩效?母公司对这些努力如何给予帮助？

但是，再次把话说回来，作为完成好上述一切事情的先决条件，赫斯特纳斯和马洛必须想清楚他们想让他们的公司成为什么样的公司——是一个投资公司还是一个一体化的公司。然后，他们再决定如何将每一部门的需要与公司的总体战略相匹配。他们应该与部门领导（事实上，应该与萨根公司的所有经理人员）进行沟通。有了对母公司组织目标的更好的理解，整个群体可以对如何管理、管理什么和管理多少有更好的领会。公司的董事会也会对此表现出兴趣。

我们需要什么样的人来使萨根公司成功地完成其使命？赫斯特纳斯和马洛就管理人事决策有过充分考虑吗？他们似乎匆忙地考虑过很多选项，但并没有尽力使他的人选与手头的工作相匹配。以公司成长为目标来管理公司与以获得现金为目标来管理公司需要完全不同的人选。什么使得他们认为帕特·詹姆森有能力领导阿塞尔公司呢？

为什么克莱森特会让他们那样沮丧呢？眼下他们有这样的一个人，这个人做了他们想要他做的一切事情。他领导他的部门完成了令人痛苦的减员行动和削减成本的活动，而且他的员工们仍然爱戴他。他仅仅需要十分钟就能在高层管理会议上陈述完他的报告，因为他总是言之有物。他了解他的客户，他对从其他部门取得技术很热心，他也急于提高生产水平，使之能够超出当前的水平。他不害怕向老板反馈他的意见，这也许会让赫斯特纳斯和马洛感到难堪，但是，事实上，这是一种极为可贵的品质。

对我来说，他看上去是一位很了不起的经理，我不会考虑让他离开公司。如果他们想尽可能快地掏空阿塞尔公司，那么，他也许不会是领导该部门的适当人选。如果公司其他部门有成长机会，将这个家伙放在领导位置看上去是很不错的。

总之，克莱森特似乎是一位追求合逻辑的、潇洒时髦的事物的经理。赫斯特纳斯早先说过，他不会把心思集中在阿塞尔公司身上，但那是他在公司开始好转之前说的话。再好好想想吧，伙计们。

当然，知晓萨根公司的财务状况、市场份额及其投资规模会是很有帮助的。但是，即使没有这方面的数字，我们也可以看到，公司的CEO和总裁应该退一步去回答某些根本性的战略问题，并从一个更广的、平衡的视角来考虑当前的情形。如果他们不这样做，克莱森特肯定会辞职，阿塞尔公司的发展就会步履蹒跚，赫斯特纳斯和马洛也许会发现他们坐在一堆公司的废墟当中，而不是在统领仍然还存有希望的一家公司。

大卫·科利斯

大卫·科利斯是位于马萨诸塞州波士顿市的哈佛商学院的副教授,他与辛西娅·蒙哥马利是《公司战略——企业的资源和经营范围》(Corporate Strategy: Resources and the Scope of the Firm)一书的共同作者(Richard D. Irwin 公司,1996年)。

如果杰克·马洛真的想把他的注意力集中在查理·克莱森特身上,那么他是弄错了对象,也许还会给萨根公司造成损失。除非对萨根公司的总体战略重新加以评估,否则就不可能对克莱森特作出任何决定。

就公司战略而言,萨根公司的高层经理们似乎犯了两个根本性的错误。其一,他们死守着一种误导人的理念,即在一个公司的投资组合中,价值只能通过将资本从一个部门转移到另一个部门来创造。在20世纪70年代盛行的制定投资组合计划的传统方法是,从"现金牛"型的业务获取资金,再将其投入到高成长的新兴业务,新兴业务就会成为公司的明星。如果要从20世纪80年代的公司多元化经营中得出任何教训的话,那就是资本市场是最有效率的资本配置者。尽管募集资金(特别是新的股本)可能会比获得收益代价更高,任何可行的企业战略都应该使公司能够募集到它所需要的资金。萨根公司不应该将阿塞尔公司当作为其新业务提供资金的"现金牛"来使用,每一企业都应该有一个值得称道的战略,公司本身应该能够募集到需要的资金。

萨根公司的经理们犯下的第二个公司战略上的错误似乎与公司的多元化计划有关。对 Cyberam 公司的收购和华尔街对公司宣布此项收购活动的反应如此冷淡,这一事实似乎是表明这一战略弱点的一个最极端的例子。家用器械、刹车系统、电信零部件、语音识别系统和路由器有什么共同之处呢?事实并不表明它们是非防务类业务和高科技业务,而且具有很大的成长潜力。恰恰相反,它们似乎没有任何共同之处——没有技术含量,没有制造工艺,更没有客户。

进入任何与公司的防务类业务活动说上去只有很遥远的协同作用的非防务类业务,这样的多元化战略似乎是一个疯狂的举动。阿塞尔公司在为其导弹涂料技术寻找一个有价值的用途方面,所面临的是许多既与防务类又与非防务类企业竞争的公司都会碰到的典型问题。

在解决与克莱森特有关的问题之前,马洛还有许多工作要做。首先,他需要重新评估公司的战略。如果他不相信这一战略,他就必须与赫斯特纳斯正面面对。如果，因为某种奇怪的原因，多元化计划在马洛看来确实是有意义的，他就应该运用战略分析去说服赫斯特纳斯，告诉他，用阿塞尔公司的现金去支持收购活动是不合适的。

在任何情况下，一旦马洛认定阿塞尔公司的战略应该与多元化举措分开来考虑的话，他就应该开始考虑这样一个问题：事实上，对阿塞尔公司来说，什么才是最好的——要撇开为公司提供现金的随意性命令来考虑问题。阿塞尔公司是应该还是不应该为自己提供资金，这个问题是不清楚的。在中国市场的前景真的是那样好吗？对一个经销商网络进行投资会不会有回报？首先必须回答这些问题，然后马洛才会知道由克莱森特担任经理是不是合适。只有在阿塞尔公司真的应该被作为非成长、低成本型的企业运作时，马洛才会在如何处理克莱森特一事上有潜在的问题。

我希望马洛最终会意识到，萨根公司真正的问题是赫斯特纳斯正在追求某种不适当的公司战略（如果他不这样看的话，他很快就会发现公司将处于华尔街的重重包围之中）。克莱森特对他在公司中角色的异议只不过是问题的表面化而已。撤换掉克莱森特意味着，一个本来很有作为的经理因为一个误入歧途的公司战略而被白白牺牲掉了。

珍妮·沃纳

珍妮·沃纳是 Randall Textron 的总裁，那是一家设在密执根州特洛伊市的多元化产品制造公司。在加入 Textron 之前，她在通用汽车公司的制造、工程、品质管理等领域担任高层管理职位。

这一局面要么表示萨根公司的管理层在建立、谋求与获得对于一个坚定不移的公司战略的支持上的失败，要么它就是这样的一个例子：关键部门的头头不愿意或无力改变核心业务以实现公司总体目标。就任何一种情形而言，赫斯特纳斯和马洛都无法以一种富有成效的方式来处理问题。我怀疑，赫斯特纳斯的判断之所以被蒙上了阴影，是不是因为他对高科技产品的偏好和阿塞尔公司成立于他被任命为萨根公司董事会主席之前这一事实。我不知道是什么因素混乱了马洛的思维。但是，很显然，如果他无法让赫斯特纳斯和克莱森特抱成一团为共同的愿景而奋斗，他也许会被迫将克莱森特撇在一边。这将是一件很遗憾的事，因为克莱森特显然是一个很能干的、很受人尊敬的领导人。

现在，赫斯特纳斯和马洛似乎在心目中总把克莱森特当作问题,而不是去考虑萨根公司的职能与其业务部门的角色与目标之间的关系。他们看问题的角度使我相信,萨根作为母公司没有建立起健全的高层财务目标或强有力的战略性支持计划。如果情况是这样的话,那么问题就不在克莱森特身上,他只不过是问题的表象。作为公司主管,顺其自然地来保护和发展自己的业务,因为他没有看到,赫斯特纳斯和马洛希望萨根公司在新业务上的大投资完成之后应成为怎样的公司。赫斯特纳斯和他的管理团队(顺便说一句,它也应该包括克莱森特)需要决定萨根公司计划如何去竞争,如何测度成功,各个不同的部门将担当什么样的角色,萨根公司如何完成其转型过程。

为萨根公司发展一个综合性的战略过程本身就会廓清公司对克莱森特和对阿塞尔公司的预期。例如,建立财务目标的过程可能会证实需要阿塞尔公司无限期地担当"现金牛"的角色。也许,管理团队可能会发现,在萨根公司实现向预定的业务组合转型的过程中,需要在一段规定的时间内对阿塞尔公司予以支持。在这两种情形下,阿塞尔公司都可能需要一定量的投资来支持其业绩。而且,在这两种情形下,如果克莱森特能够理解和接受实施这样计划的理由,他都可以向他的团队提供激励性补偿,以激发团队努力工作。

在极端情形下,萨根公司的管理团队可能会决定将阿塞尔公司剥离。这样的决定并不一定就会导致灾难。依我的经验看来，如果你待人诚恳，并对他们的个人和职业需要表现出真正的关心，他们会与你一道共渡难关。尽管开放式的沟通总是成功的关键，但是公司剥离要求进行有重点的、经常性的沟通，母公司还需要在人员外部输送与分流过程中提供尽可能多的帮助。

另一方面，管理团队可能认可克莱森特关于实行国际扩张的想法，阿塞尔公司可能会被再造为一个有潜力的国际型公司，这一举措又会为公司的其他业务部门开辟道路。也可能会形成一些可以利用萨根公司内两三个以上的不同部门的资源和技术的联合开发项目，也有可能出现一些阿塞尔公司可以为萨根公司的其他部门发展的客户。Textron 的 Avdel 分公司是一家全球性的机动车和工程紧固件供应商，就曾经帮助建立了丰田（Toyota）公司和 Textron 的 Randall 分公司之间的业务联系。Avdel 的经理人员们先是发现了可能的联系，接着就介绍合作者，从而凭借公司的信誉，为建立新的伙伴关系提供了良好的基础。

当然，当前的管理团队要独自想出一套战略也可能会被证明是很困难的。赫斯特纳斯、马洛和克莱森特（毫无疑问，还有萨根公司高层管理团队的其他成员）已经在一起相处了很长时间，那就很难得知由赫斯特纳斯提出的有关阿塞尔和克莱森特的问题，是过去交往中的磕磕碰碰的结果，还是由于公司处于转型过程当中才出现的紧张关系。很显然，今天需要的技术与看问题的角度与1977年赫斯特纳斯接管公司时所需要的大不相同。因为这些原因，以及更进一步地说，为了过滤掉问题中的个人因素，萨根公司如果考虑聘请外部资源帮助它进行竞争力分析、战略计划和高层管理人事决策，情况也许会更好一些。

不管怎么样去做，一份书面计划是必不可少的，它将包括诸如各个具体部门五年内的财务预测、目标和计划之类的细节内容。不同业务之间存在协同效应吗？需要对每一个部门做些什么，从而使它们能够成为各自领域数一数二的劲旅？所有的高级管理人员，包括克莱森特、萨根公司的其他部门领导和公司的高级智囊人员，都应该被纳入到这个过程当中，而且必须明了各自的部门目标。这样，战略计划才会行之有效。

如果萨根公司的确有其明确的财务战略和战略性支持计划，而且这些战略和计划至少是以克莱森特和其他部门经理的反馈意见为基础而制定出来的，并且已经传达到全公司上下，那么也许克莱森特事实上是一个问题。在这种情况下，马洛需要与他进行一对一的接触，而且必须立即接触。如果克莱森特的顾虑得到考虑的话，他就需要改变他的行为。如果他不能在萨根公司这样一个更大的环境中表现得像一个团队成员的样子的话，赫斯特纳斯和马洛就需要把他打发走了。

至于在驱车旅行的路上，马洛应该避免对克莱森特有任何提及。相反，他应该集中讨论萨根公司是否在循着一个明确定义且已经清楚无误地传达的商业计划行事。如果萨根公司有一个计划，还要问这个计划正确不正确，需要不需要进行细节改进？公司的目标已经在公司上下传达了吗？如果计划需要更进一步地发展，马洛应该带头去做计划和安排实施计划。如果赫斯特纳斯和马洛相信可能的最好的计划本来已经就绪，而且公司上下对它都有充分了解的话，那么对于克莱森特来说，文字性的东西已经挂在墙上了。但是，如果他们对战略有任何怀疑的话，那么他们要走的一条漫长而崎岖的道路的确才刚刚开始。

案例二

走向全球化是祸是福

沃特·库莫尔

案例提要

格里格·麦克纳利（Greg McNally）正站在一条小河中。确切地说，新成立的软件公司——DataClear公司的CEO此刻正站在挪威的阿尔塔（Alta）河中考虑他的各种选择方案。几个星期之前，他在蒙大拿召集了一次聚会，庆祝公司的第一个产品ClearCloud——一个功能强大的数据分析软件包成功地实现了500万美元的销售额。他有意通过这次会议来研究将ClearCloud的销售从其当前在电信和金融服务业的基地扩张到化工、石油化工和医药市场。

但是就在这之前，他的能干而成功的销售主管苏珊·莫斯考斯基（Susan Moskowski）冲进他的办公室，向他汇报了关于VisiDat公司的消息。这家新成立的英国公司似乎正在测试一种它自己开发的数据分析软件包，几个星期之后，这一软件包就会向市场发布。"我们需要就与这类竞争者打交道的战略取得共识，"苏珊对格里格说，"如果他们一开始就作为全球性的选手出击，我们却蹲在美国按兵不动，他们将会吃掉我们的。"

由于这一消息，格里格改变了聚会的议程，他让苏珊讲解启动DataClear公司全球化经营

案例提要

的各种选择方案。会议是在两个星期之前召开的,在那时公司已经达成共识,要在欧洲建立商业活动,也许还要在日本建立商业活动。惟一的问题似乎是,是从无到有去做这件事情,还是与当地厂商形成合作伙伴关系。

但是,在格里格站在阿尔塔河中钓大马哈鱼的同时,一连串的问题向他袭来。DataClear 公司真的需要全球经营吗?或者,它应该向国内的其他市场扩张?它可以同时做这两件事情吗?公司有能力支持这样的扩张吗?我们请了四位评论员就这一虚构的案例表达他们的见解。

"鱼儿怎么不咬钩呢?"随着他以又一个完美的架势甩出钓线,格里格·麦克纳利不禁很纳闷地问自己。现在,他正在挪威的阿尔塔河垂钓,这是他所见到过的最美的风景胜地,有着"斯堪的纳维亚最名贵的大马哈鱼的家乡"的盛名。他有足够的机会欣赏风景。他的近旁看不到任何鱼的踪影。

与他在几个星期之前在蒙大拿州纳尔逊的"春之小溪"(Nelson's Spring Creek)钓真鳟相比,运气真是大不一样。自从他在那儿举行了那次为期两天的短暂聚会(一半是为了庆祝过去,一半是为了计划将来)以后,时间就好像过了好久好久似的。

第一个软件产品 ClearCloud 的成功,为公司增加了动力,DataClear 公司正在起飞。1999年,公司第一次开始全年运营,DataClear 的销售额就达到了220万美元。眼下,进入九月份,2000年的销售额可能轻而易举地达到530万美元。在那次聚会之前的星期五举行的全体员工大会上,格里格宣布,公司已经成功地招募到两名更加优秀的高级主管,这样,公司的员工就达到了38人。"我比以往任何时候都有信心,我们一定能够实现我们的目标:2001年突破2 000万美元,2002年突破6 000万美元!"

地平线上风云乍起

格里格是新泽西人,他在鲁德格斯(Rutgers)学院获得理学硕士学位,然后去了西部,在加利福尼亚州立大学伯克利分校(UC Berkeley)获得计算机科学博士学位。后来的15年他在Borland公司和Oracle公司度过,先是做软件开发,然后是做高级产品经理。1998年春天,他在加利福尼亚州的帕罗阿尔多(Palo Alto)创办了DataClear公司。

当时,格里格意识到许多公司分析信息的速度远远跟不上它们收集信息的速度,数据分析是软件业界一个开发不足的细分市场。他是在西北大学(Northwest University)的一次研讨会上看到机会向自己招手的。有两位研究人员开发了一套算法,分析人员无需编程人员的帮助就可以使用该算法以强有力的方式筛选大量的原始数据。格里格将他在Oracle公司的股权期权变现,并与这两位研究人员建立合伙关系,创办DataClear公司来开发以上述算法为基础的应用软件。

他的每一位合伙人都负责产品开发,并持有20%的原始股份,格里格则提供50万美元作为资金,以换得60%的股份以及CEO的职位。一年以后,格里格给了DL风险投资公司的创办人及Oracle公司的前高级主管大卫·莱斯特（David Lester）30%的公司股份，以换取 500 万美元的额外资金。

在他以往担任的职位上，格里格已经表现出"呱呱叫"的领导才能。在他的领导之下，两位研究人员开发出被称为 ClearCloud 的最新数据分析软件包（因该软件能够通过对大型数据"云团"的分析而获得明朗清晰的结果而得名）。该软件包的两个版本（一个版本面向电信业，另一个版本面向金融服务提供商）在 1998 年 9 月正式发布。ClearCloud 软件包有好几个中间型的、很赚钱的应用软件。比方说，它可以用来帮助信用卡公司更快地探测出在每日上千万次的交易中发生的欺诈活动的行为模式。格里格保守地估计，美国电信业和金融服务业对该产品的年度需求量在 6 亿美元左右。他们的挑战在于要让潜在的使用者知道他们的产品。

ClearCloud 旗开得胜，在发布后仅仅一个月的时间里，格里格就必须招募十多位销售和服务人员。第一位应聘者是银行数据系统公司（Banking Data Systems）的前销售代表苏珊·莫斯考斯基（Susan Moskowski），她曾和格里格一道成功地游说过几家金融机构。她在 BDS 的新加坡子公司待过两年，在那里，她曾为赢得几个重要的合同立下汗马功劳。后来，她离开 BDS，去斯坦福大学读 MBA。她一毕业就加入了 DataClear 公司，担任新公司的销售经理。她的工作很快取得了成功,为 DataClear 公司赢得了第一份合同,这份合同是与西海岸(West Coast)一家大的银团签订的。

格里格意识到 ClearCloud 在电信和金融服务业之外也有巨大的潜力。事实上,只需要进行相对少的产品开发,格里格和他的同伴们相信,ClearCloud 还可以适用于化工、石油化工以及医药行业。在这些产业部门的年度需求量可以达到 90 亿美元。

但是,接触这些行业的客户并为之提供服务,需要建立专业化的销售和服务基础设施。在两个月之前,格里格为此招聘了一名新的业务开发经理,这位经理有 20 多年在化工业领域工作的经验。汤姆·伯明翰(Tom Birmingham)是杜邦公司的前任 R&D 高级经理。他为 DataClear 公司在美国市场的巨大潜力而激动不已。"数据库还会越来越大,"他对格里格和苏珊说。格里格曾要求汤姆为在蒙大拿的聚会准备一份展示介绍资料,介绍这些新领域的扩张前景。

在行前两个星期,苏珊冲进格里格的办公室,递给他从一份主要的贸易期刊上抄录下来的文章。这篇文章重点介绍了 VisiDat——英国的一家新发起的公司。该公司正在对一个将要在几个星期之后发布的数据分析软件包进行 β 测试。"我们很快就不能独步市场了,"她对格里格说,"我们需要就与这类竞争者打交道的战略取得共识。如果他们一开始就作为全球性的选手出击，我们却蹲在美国按兵不动，他们将会吃掉我们的。这样的情形我以前也见到过。"

这一消息并不完全出乎格里格的意料。"我同意我们必须制定一项战略，"他说，"我们何不将聚会上关于国内扩张的讨论暂时搁置一下，转而讨论这一问题，这样的话，我们可以听一听大家的想法？与我们当中的其他人不同，你曾经有过在国外工作的经验，所以，也许应该由你来主持这一讨论。我和汤姆将核对一些东西。"

钓 鱼 去

在蒙大拿，苏珊通过讲述 GulfSoft 的故事开始了她的第一次会议。她讲的是一个略微经过掩饰的与她的前雇主有关的案例。公司已经开发了一个面向油气开采业的软件包，这个软件包最初只投放在美国市场。但是，几乎是与此同时，一家法国公司也发布了一个与之相当的产品，该公司在全球范围内对该产品实行强力行销。一年之后，竞争对手在世界范围内拥有的安装其软件的基础客户群体比 GulfSoft 的要大得多，而且它们开始进入美国市场抢夺 GulfSoft 的业务。在她快要讲完该故事时，苏珊略作停顿之后，预警性地加上一句："今天，我们在美国之外安装的 ClearCloud 只有

20套,15套在英国,5套在日本,而且,这些软件都是由美国客户为其在国外的子公司购买的。"

苏珊示意了一下,整个会议室的光线跟着暗淡下来。接下来通过投影放映出来的是大量的市场调查结果。调查表明,在美国以外的地区存在许多对Clear-Cloud的潜在需求。电信和金融服务的国外市场大约与美国的国内市场旗鼓相当,那就是说,也有6亿美元。医药、石油化工以及化工业方面的市场潜力看上去有6.6亿美元。将上述数字汇总,那就意味着国内市场潜力为15亿美元,国外市场潜力为12.6亿美元。

在总结发言时,苏珊一语道明了其中的道理:"对我来说,显而易见,对于这一类威胁,防御的惟一办法是发起进攻。我们现在还没有任何国际性的销售战略。我们这里讨论的目的是我们需要这样一个战略,而且需要很快有这样一个战略。"

她扫了一眼格里格,想看看他对此有没有任何反对的意思。没有看到他有什么反应,她接着往下说:"我们知道,我们可以在美国卖很多软件,但是,如果我们希望DataClear取得长期成功的话,我们就需要对竞争对手采取先发制人的战略,我们必须走向世界。我们需要尽快有一个大的基础客户群安装使用我们的软件。

"我建议,下午我们分成两个小组,集中讨论我们进一步发展的两个选择方案。A组可以考虑我们建立自己的组织来为欧洲客户服务的问题,B组可以考虑与已经在欧洲立足的竞争者结盟的问题。以明天大家讨论的结论为基础,我们将发出号令。"

随着灯光变回原来的亮度,格里格眨了眨眼。他觉得有点目眩。但是,他觉得自己需要对此有所思考,而且通常他在及膝深的河水中思考问题会很有效。午餐之后,那两个小组的人都去工作了,格里格就趟进了纳尔逊的"春之小溪"。鱼儿似乎追着上钩,但他的思绪却更加了无头绪,更多了一些矛盾心理。

钱,钱,钱

格里格决定他需要对现实情况作一个检查,那天晚上,他给大卫·莱斯特通了电话,以评估当天的讨论情况。不出所料,莱斯特当下并没有太多的建议可说。事实上,他有他自己的问题。"如果不把我们的核心业务集中放到国外市场,反过来,我们立足国内医药、化工和石油化工业来开发ClearCloud,以充分利用这9亿美元的市场,"他问到,"那将需要多少钱?"格里格给出了一个200万美元的最好估计数,这只是额外的软件开发所需要的费用,并不包含营销和销售费用,而且那些产业与DataClear目前所集中服务的产业大不相同。"不管最后费用是多少,我们都需要安排另一轮的融资，"格里格也表示同意，"眼下我们不用募集任何额外的资金就可以有一个正的现金流，但是，这样的现金流并不能为超出我们核心业务之外的举动提供资金。"

"我并不想按照这条道路走，"莱斯特回答说，"如果我们同时走出去，从外部募集大量资金，扩大我们提供的产品种类以及我们的市场，你会觉得怎么样呢？"

格里格把要说的话使劲咽了下去。他通常乐于迎接挑战，但是加倍地扩张也太吓人了。他不禁想起，在他发起 DataClear 公司之后的几天之内，他在自己的计算机屏幕的边框上贴的一张字条。那张字条现在还在那儿，上面只有一个词："专注"。

莱斯特察觉到格里格的踌躇。"这样吧，今天晚上我们不要决定这件事。说实在的，这事儿要由你来决定，格里格。到目前为止你做的一切都是对的。就这样干下去吧。"挂断电话之后，格里格忽然想到，莱斯特从不插手公司的管理，他的办事方法很令人愉快。他第一次开始这样想，如果他遇上的是一个事事都想插上一手的风险资本投资者（也许是一个在国际扩张方面有点经验的人）的话，事情料不定该会怎样呢。

格里格又想起他自己对国际管理经验的缺乏。八年前，他曾经客气地回绝了一个在日本领导一个 50 人的 Oracle 开发工程师团队的机会，主要是因为他不愿意搬到东京去生活两年。他的老板那时就告诉他："格里格，软件业是一个全球性的产业，你现在不愿意早点学些跨国管理的东西,以后你可能会时常想起这件事。"

会议桌上的选择方案

第二天上午十点钟,A组人员首先发言,他们建议DataClear公司应立即在英国建立一个办事处,办事处设四至六名销售人员。英国是进入欧洲的滩头堡垒。不过,最终需要在欧洲大陆的某个地方设立一个销售处,也许设在布鲁塞尔吧。他们甚至对欧洲销售经理的工作内容附带地作了描述。

尽管有些信息过多,但是这还是给了格里格很深的印象。"大家有没有想过,就头一年的工资和费用而言,我们需要花多少钱?"他问到。

"保守一点,一年大约要50万美元,也许会更多一些,"小组的领导人回答说,"但是,这里的关键问题不是成本。如果我们不走这一步,我们就会被VisiDat吃掉,或者被我们目前并不知道的竞争者吃掉。想想看,如果SAP向市场引入同样的产品会怎么样。光是凭着他们的营销机器,他们就可以把我们轧得粉碎。"

汤姆·伯明翰开始反驳:"我们到哪儿去找当地的员工安装和支持产品?"他很想知道这一点。"我是说,这不能像设立一个办事处开始销售那样简单,ClearCloud是一个复杂的产品,它还需要服务基础设施。我们必须将接口软件,或者,至少是说明书,翻译成不同的语言。我们需要在业务开发和产品支持部门追加资源,以管理这一切。在欧洲销售ClearCloud,一年发生的费用将远不止50万美元。"

苏珊很快跳出来说:"说得好,汤姆,而且,我们要做的全部事情还不仅仅是这些。我们在亚洲也需要有人。新加坡或东京可以是一个理想的基地。也许东京会更好一些,因为有很多潜在的客户都将总部设在那儿,而不是亚洲的其他地方。眼下,我们在亚洲至少需要四个人。"汤姆皱了皱眉,但是他觉得苏珊正说在劲头上,于是就把火气压了下去。

午餐之后,B组接着发表他们的看法。他们建议在每一个国家使用独立的软件分销商。这样可以帮助DataClear公司严格控制费用。格里格于是说:"与欧洲一些提供互补性产品的当地软件商合作会怎么样呢?难道我们就不能够通过一个合资企业得到我们所需要的东西吗?"

"格里格,你提到的这件事很有意思,"B组的发言人这样说,"我们曾经想到过本罗(Benro)公司,但是,我们后来没有时间继续谈它。他们也许愿意讨论互惠分销。"本罗公司是挪威的一家小型软件商。格里格知道,去年光是它为金融服务公司提供的数据挖掘软件包,销售额就达到500万美元。本罗公司非常熟悉金融服务业内的欧洲客户,但在其他行业缺乏经验。"与本罗公司合作比我们独立去干这件事可能会省很多费用,至少目前会是这样,"发言人说。

苏珊选好这一时刻再次发话了:"我得承认,我对建立合资企业的想法持怀疑态度。我认为,谈判、签约的时间可能会拉得太长,而且合同也可能难以覆盖所有想像不到的事。有些时候,我们可能必须学会如何在每一个地区依靠自己的力量取得成功。"

当格里格注意到汤姆在琢磨苏珊发言的时候,他的眼睛已经眯成了一条缝。他一点也不感到吃惊,事实上,当汤姆开始踩刹车的时候,他还感到很宽慰。"苏珊,我以为,除非我们能够收集到一些更多的信息,我看不出我们应该怎样去作决定,"汤姆说,"至少,我们需要与本罗公司以及任何潜在的伙伴们谈一谈。我知道,在我觉得那样做会很安稳之前,我需要见一见一些有能力领导国外销售处的候选人员。但是,我所真正担心的事情却是更加重要的。我们要在建立我们美国本土市场的同时去做所有这一切吗?请记住,我们并没有能力为这里的化工和医药行业提供服务。我们现在只有38个人,我估计,除产品开发之外,光是建立我们国内扩张所需要的支持性基础设施也得花上200万美元。"

还未等到苏珊说出反对意见,格里格就出来打圆场了。"我来说两句吧。我们用不到三个星期的时间就此作出决定。我会自己掐着日历去与本罗公司接触。同时,苏珊,你得为国外销售处挑选一些好的候选人,并且要定好日程,让他们来见我和汤姆。"

想办法

这便是格里格·麦克纳利为何会在这样一个星期天的早上出现在挪威的一条小河边的前因后果。本罗公司的CEO对他的建议很感兴趣。格里格也很有信心,与他在星期一的见面将得出某些有吸引力的意见。一旦行程定好之后,要让格里格意识到他正在走近某个寓言中所说的垂钓场所,并不需要太长的时间。

他也意识到,这是一个借用他在伯克利的老同学萨拉·帕帕斯(Sarah Pappas)的脑子的极好机会。萨拉是一位硬件工程师,她于1993年在加利福尼亚州的山之秀色(Mountain View)建立了一家自己的公司——德西克斯(Desix)。该公司为移动通信业设计专用芯片。在不到七年的时间里,德西克斯公司已经成长为世界上最成功的专业化设计机构之一,拥有员工400多名。和格里格一样,萨拉也从风险投资者那儿得到资金。由于许多对德西克斯公司的服务需求来自斯堪的纳维亚,还有一部分来自日本,萨拉已经在这两个国家建立了子公司,甚至决定将她的时间在山之秀色与奥斯陆之间分开来使用。

格里格在星期四上午到达奥斯陆,傍晚在一家水滨餐馆见到萨拉。他们花了半个小时交换关于他们共同的朋友的消息。格里格想,萨拉没有太大的变化。但是,当话题转换到可能的地域扩张和当他问及她的经验时,格里格就看到她的微笑有些绷紧了。"啊,对了,"萨拉说,"你在这儿要待多长时间?"

"事情有这样坏吗?"

"事实上,坦白地讲,有些事情比我们所想像得要容易一些,"她说,"比方说招聘。我们绝不指望从诺基亚(Nokia)公司或日立(Hitachi)公司挖走任何一位了不起的工程师,但是,到头来,我们都没有费太多的周折就招齐了我们在奥斯陆和东京的核心团队成员。当然,也有一些事情却是很难办的,如对这三个跨国经营场所进行的协调。由于在奥斯陆和山之秀色之间存在很多误解,最初我们的生产力下降幅度达40%。"

接下来的故事就更糟了。萨拉解释说,1998年,她的风险投资者寻求退出投资。由于各种原因,实行IPO(首次公司发售)似乎并不可取,各方同意将公司卖给佩尔默(Pelmer)公司,那是一家大型设备制造商。萨拉同意再待上三年,但是,她想不出办法不让她在东京和奥斯陆的子公司的工程师们离开公司。没有人充分预见到,在奥斯陆和东京,佩尔默公司强势的美国文化会与德西克斯公司的本土文化格格不入。从这一点上来看,萨拉觉得公司合并破坏了很多东西,而且正是这些东西促成了德西克斯公司转变为一家小型跨国公司。

> "那么,你是不是认为,你所发起的国际扩张是一个错误的选择?"

"我不能说我已经真正成为了一个倒霉鬼,"随着格里格收起账单,她不无歉意地笑了笑。"但是,如果我是你,考虑到我所走过的道路,我会在尽可能长的时间内集中在美国经营,你也许没有能力建立又一个Oracle或Siebel,但是,你会活得很幸福。"

"那么,你是不是认为,你所发起的国际扩张是一个错误的选择?"

"不,不是,"萨拉说,"因为我认为我们没有选择。另一方面,你也可以在美国销售比我们销售的要多得多的产品。"

水 及 腰 深

第二天,随着格里格去见彼埃尔·兰伯特(Pierre Lmbert),新的担忧又来了。彼埃尔·兰伯特是一位欧洲销售处的负责人,苏珊通过一家猎头公司找到了他。兰伯特毕业于巴黎矿业大学(Ecole des Mines),然后在阿尔卡特（Alcatel）公司干了四年，在朗讯（Lucent）公司干了五年。他们聊了一阵之后，格里格似乎感到，他没有读过国外人士个人简历的经验。巴黎矿业大学是一所好学校吗？他注意到兰伯特只在法国和美国工作过。他在英国或德国会做得成功吗？随着面试结束，格里格感到，要形成对于欧洲劳动市场的正确见解，他需要见至少五个候选人。在亚洲的困难可能会更大。

那天晚上，他与汤姆交换了意见，他曾在前一天通过电话面试过兰伯特。汤姆表现出某些怀疑：他怀疑兰伯特不怎么成熟，难以担当 DataClear 公司意欲他担任高层主管（CIO 和首席科学家）的职务。当移动电话再次响起来的时候，他们的通话才终止。电话是苏珊打来的。"格里格，我想你可能想知道，VisiDat 刚刚对壳牌石油公司（Shell）做了第一单大买卖。交易额至少在 50 万美元以上。这对它们来说可是一条大鱼。"

现在，也就是两天之后，他身处阳光明媚而又恼人的阿尔塔河畔。他可以看见在水面下悬游的大马哈鱼。他把钓鱼线又甩了过去，线在空中划出一道优雅的银色弧线，假蝇被他娴熟地抛过水面。可是，什么也没钓着。

格里格趟回岸边，瞥了一眼盛放假蝇的盒子，里面盛放着五花八门的手工制作的假蝇。他是不是过于专注了？要不，这里的情况的确有所不同，他的假蝇怎么一个也派不上用场？有一件事情是很肯定的：这里的河水比他所预想的要凉得多。尽管他穿着衬袜,他还是觉得脚在变凉。

DataClear 应该全球出击吗？ ······

希瑟·基伦

阿莉森·山德

巴里·席夫曼

斯各特·希耐尔

希瑟·基伦

希瑟·基伦（Heather Killen）是 Yahoo 公司国际经营部的资深副总裁。

DataClear 公司正面临一个许多小公司都要共同面临的两难境地，这些小公司意识到他们的手可以捕捉到全球性的机会。公司应该冒着过度使用自身能力的风险一头扎入新的市场，还是应该以失去关键性的成长机会为代价坚守自己的本分？

格里格手头并没有太多的本钱。他和他的团队在国际运作或销售方面并没有太多的经验。他当前的风险投资者采取的是一种不干预的做法，不太可能为他制定一个国际战略提供太多的帮助。此外，公司还可能必须克服技术上的困难。如果 DataClear 公司必须对产品实行再造，从而使之能够分析其他语言中的数据（尤其是两字节的语言，如日语和汉语），或使用不同的数据格式（如以逗点而非句点表示十进位），前面的道路将会很长。

即使这样说，继续做一个美国国内市场的竞争者并非是一个好的选择。DataClear 公司需要让它的业务走向全球。作为一个起步者,公司的成长不会很快,如果它想要打开局面,它需要强力地向前推进。此外,如果格里格关于"对数据分析服务的需求将呈爆炸态势增长"的判断是正确的话,那么,公司可能轻而易举地被一些进入市场的老牌企业或被一些资金雄厚的起步者占得先机。

向国外出击这一举措也不会与DataClear公司在电信和金融业的实际客户以及在石油化工与医药业的潜在客户发生冲突。在这些产业的许多厂商都是将基地设在美国之外的公司(DataClear公司第一个真正的竞争对手是VisiDat公司,它刚刚向壳牌石油公司——一家不在美国设有基地的全球性企业销售过产品)。

要区分美国市场和国际市场并没有太大的意义。不要问他们是否应该向国外扩张,格里格和他的团队应该问客户是否愿意在全球范围内使用DataClear公司的产品。这一案例给我们的东西不多,我们不好继续深入地讨论。但是,如果我们假定他们的客户愿意的话,那么,这又一次强烈地说明必须向国外扩张。不管怎么说,无论客户在哪儿做出全球投资的决策,DataClear公司都需要走近客户。

然而,案例中给出的扩张选择并不怎样吸引人,格里格需要更加全面地评估其选择方案。从无到有建立国际销售处涉及昂贵的费用,它也可能产生不了多大的实质性的效果。从表面上来看,一个合作战略能更加给人以希望，但是选择合资项目的伙伴是一个困难的过程。此外，格里格已经将他在公司里的一份相当大的股权给了DL风险投资公司，因此，在这一阶段，他在决定把什么样的合作伙伴带入公司方面必须非常谨慎。本罗公司显然不是一家刚刚起步的公司。作为一家面向利基市场的小公司，它对DataClear公司提供不了多大的帮助。

不过，也还存在其他选择方案。以基地设在美国的全球性公司为目标可以是向国外扩张的一个好的开端。事实上，DataClear公司已经朝这个方向迈出了第一步，有几家美国客户已经为其国外的子公司购买了DataClear公司的产品（这也表明，该产品能够相当容易地适配美国以外的条件）。格里格应该寻找一个与非美国市场有广泛联系的强有力的销售渠道合作伙伴。案例中作为一个可能的竞争对手提到的SAP，依其强烈的欧洲取向而论，可以是一个好的合作伙伴。事实上，在SAP成为竞争对手之前选择它作为合作伙伴会是一个好的举措。最后，格里格应该考虑从欧洲或亚洲的某个力量强大的风险投资公司寻求新的投入和资本。这将有助于DataClear公司获得孵化期的支持，以便将来更加大胆地独立放手运作。

阿莉森·山德

阿莉森·山德（Alison Sander）是波士顿咨询集团公司（Boston Consulting Group）的波士顿分公司经理，她还是BCG全球论坛的主讲者。

DataClear公司有一个具有国际潜力的产品，但是，格里格在评估他的选择方案时却处于犯下三个经典错误的边缘。第一个错误是被动性地而不是出于战略目的地走向全球化，第二个错误是以严重低估了国际扩张成本的数字作为决策的基础，第三个错误是他选择了一条看似简单却代价不菲的道路，而没有通盘考虑所有的可能选项。

格里格需要弄清楚全球扩张的根本理由，并在一个更广阔的范围内考虑他的战术选项。VisiDat公司向壳牌石油公司销售产品并不能构成DataClear公司选择将其战略转向国外的充分理由。一个国际战略应该至少以下述三项竞争优势为基础。

> 套利——利用可以在特定的国家获得的优势（比如，低成本资本或劳动力、专门技术、优越的税收条件）。

> 战略定位——对竞争对手采取先发制人的行动，获得先行者优势，或锁定与供应商达成的优厚条件。

> 可重复性——以低成本高效率的方式在多个国家复制某个产品或某种业务模式，以获取规模经济。

DataClear公司似乎没有套利优势。该公司实际上也不具备战略定位优势，尽管它所提出的主要理由是DataClear公司应该对VisiDat公司采取先发制人的行动，以维护其战略地位。VisiDat公司所面向的是石油与天然气市场，而非DataClear公司的金融服务市场。况且，维护战略地位是要付出高昂代价的。在DataClear公司建立起一个大的弹药仓之前，这样的举动可能使管理层的注意力偏离其最优先考虑的事务，即选择DataClear公司可以很快建立能取得赢利的市场份额的市场。的确，苏珊的眼睛只盯着VisiDat公司，这样就模糊了她就走向全球化而提出的最好理由：可以令DataClear公司有利可图地复制其现有软件产品的大好机会。但是，在制定出一个复制战略之前，必须进行更为完全彻底的分析，因为在建立有利可图的运作体系的过程中，所要面对的竞争性挑战和机会依国家的不同而大不相同。

建立成功的全球战略也要求格里格仔细地研究有关的成本估计。一开始，他并没有将对软件进行调整适配的常见成本估计进去（如按当地客户要求改制产品的成本与产品支持成本）。此外，公司只将眼睛盯住伦敦和东京，这可是两个在世界范围内运作成本最为昂贵的市场。最后，正如萨拉所指出的，全球运作的复杂性往往导致意想不到的管理和协调成本。

如果格里格并没有决定要走全球化的路子，他需要考虑在本案例中给出的选项之外的选项。在国外建立子公司是要支付高额费用的。尽管建立合资企业的成本可能没有那样高，而且它还可能带来新的知识和组织能力，但是关于大多数合资企业的不良记录表明，DataClear 公司需要对其潜在的合作伙伴作更具有系统性的评估。与本罗公司的任何考虑不周的合作同与 VisiDat 竞争相比，同样具有难以预料的风险。本罗公司也为金融服务业提供服务，能够通过合资项目增强自身的能力与 DataClear 公司竞争。

幸运的是，格里格并非必须在这两个选项之间进行选择，低成本选项也是存在的。例如，可以对 ClearCloud 实行许可经营或网上销售，可以雇一位当地的销售代表，等等。也许，最聪明的选择就是继续坚持目前已经行之有效的战略：向那些正在为其国外子公司购买软件的金融机构销售产品。通过瞄准 Visa 或 MasterCard 之类的全球性公司，DataClear 公司可以充分利用这些客户现有的全球性基础设施。不必投资建立国外办事处，格里格可以在美国雇一名经理来监督销售活动和发展对大型跨国公司客户的定制支持服务。管理得最好的公司是那些循序渐进地推行全球化扩张的公司。

巴里·席夫曼

巴里·席夫曼（Barry Schiffman）是JAFCO美洲风险投资公司的总裁兼执行董事，那是一家设在加利福尼亚州的帕罗阿尔多（Palo Alto）和波士顿的风险资本公司。

格里格正在面对着一个屡见不鲜的战略威胁：竞争对手以类似的或更好的产品在国外市场向其公司发起进攻的可能性。一家资格更老的公司（当它能够这样做的时候）可能会对这类威胁尽快发动先发制人的打击。但是，作为一家羽翼未丰的新公司，DataClear公司没有人力或资本支持它的国际冒险活动。除非格里格和他的团队花上比他们所愿意花得要多得多的时间，他们可能会发现，尽管他们花了很多钱，却没有获得一份国际订单。

作为刚刚起步的新公司，DataClear公司并没有一位可以领导发起海外扩张行动的经理。为实施这一选择方案，公司需要有一位在目标市场有五六年工作经验的高级经理，这位经理至少要掌握一门相关的外语。目前，公司中惟一有海外工作经验的高级主管是苏珊。

不过，她也只有两年在亚洲而非欧洲工作的经验。格里格可能经受不住诱惑，意欲找出某个折衷的办法，在让苏珊临时负责海外扩张事务的同时去寻找某个经验丰富的人。但这样行事是不明智的。DataClear 公司有可能既丢掉国内业务，又无法赢得足够的国外业务作为补偿。

其次，DataClear 公司需要更多的资本。全球扩张是一场长期的战争。国际销售团队（特别是在非英语国家的市场）一般要花很长的时间才能做成他们的第一笔业务。即使在他们有一个开发得很好的产品的时候，他们仍然需要针对当地客户的需要更新产品和建立分销渠道。例如，当以加利福尼亚州为基地的软件公司 BroadVision 在 1997 年建立其日本子公司时，它几乎等候了两年才从其经营活动中实现价值。同时，它还必须通过美国的运作活动来支持子公司。

DataClear 公司并没有能力依靠当前的运作活动支持海外扩张行动。正如莱斯特和格里格所意识到的，它必须从投资者那里募得资金以支付其成本。这就意味着尽管能够制定一个令人信服的商业计划，格里格目前却远不可能实施这一计划。

因为这些原因，我不想建议格里格顺从苏珊的决定来仓促从事一项国际扩张计划。但是，他可以在以后的 3~6 个月的时间里花一些钱来作可行性研究。我建议他雇一家咨询公司对欧洲和亚洲的机会作详细的分析。格里格还需要花几天时间与咨询公司一道考察每一个最初的目标市场,与潜在的合作伙伴和客户进行面对面的访谈。

同时,DataClear公司需要更好地了解其潜在的竞争者。目前,公司仍然存在许多尚未得到回答的问题。VisiDat公司是不是惟一的威胁?它从壳牌石油公司获得的50万美元订单的可信性如何?这在石油化工市场是一份大的订单吗?要花多长时间才能完成对ClearCloud产品的改型,从而使它能够在市场上与VisiDat公司的产品相抗衡?到目前为止,DataClear公司的竞争分析似乎仅仅局限于阅读报道文章和竞争者发布的新闻。

如果这些市场研究努力的结果令人鼓舞,DataClear公司应该立即着手与其投资者接触,以制定一个为期两三年的业务计划。当其资金到位之后,公司应该招聘一名新的高级经理来领导其国际运作。同时,DataClear公司还可能通过继续在国内市场与有强大的国际业务背景或至少具有全球品牌知名度的客户(如Sprint、Citigroup和Microsoft)建立紧密联系而受益。有这样一类公司作后盾,可以使DataClear公司更容易地步入海外客户的大门。

斯各特·希耐尔

斯各特·希耐尔（Scott Schnell）是 RSA 安全公司主管营销和公司发展事务的资深副总裁，那是一家设在马萨诸塞州贝德福德的软件公司。

DataClear 公司正在面对一项每一家新公司迟早都要面对的决定。但是，任何一项扩张计划都必须结合公司的当前优势、管理经验和人才状况以及当前和未来的机会，才能够为人们所充分理解。格里格目前就处于这样的危险之中：他允许自己草率地达成一项决定，却很少考虑恪守尽职原则。这样，他的庆祝聚会已经变成了一个解决并不需要立即解决的问题的"十字军东征"行动。

事实上，在此时向国外扩张从战略上来看也很成问题。对于 DataClear 公司来说，与在所有可能的其他国家或地区做市场老大相比，更重要的事情是集中精力在美国铸就一个强有力的基础，而且在这个最大的、最有前景的地域，公司已经有了一个好的开端。公司的成功有赖于建立一个强大的、有防御能力的市场地位，有赖于一流的产品和公司组织的支持性基础设施。当公司还没有为自己的本垒设防的时候,却让高层管理人员花这样多的时间去建立国外市场,这何啻是一个失败的药方。给定它所在市场的潜在规模,一个拥有5百万美元资金和38名员工的像DataClear这样的公司,似乎并没有一个足够强大的实力基础。

从组织的角度来看,DataClear公司的缺少计划表明,其管理层并没有作好准备以迎接在建立国际业务的过程中可能出现的挑战。公司甚至没有制定出一项向新的国内市场扩张的战略,甚至连时间底线也没有。没有公司纯粹靠新闻报道、谣传和竞争对手在销售上的成功来指导它的行为,尤其是在销售诸如Clear-Cloud之类的具有较长销售周期的复杂产品的时候。

更糟的是,DataClear公司对国际运作经验的缺乏令人担忧。格里格承认,他不知道要做一名好的欧洲销售负责人需要具备什么品质。具有任何国际经验的惟一人物是苏珊,但是她的判断力似乎也因为BDS公司在新加坡的负面经历而被蒙上阴影。她没有意识到BDS公司的情形与目前DataClear公司所面临的情形有多么不同。BDS公司已经是一家国际化的公司,它可以轻而易举地在海外销售它的新产品,当然只要它决定这样做的话——它只不过是不智地选择不去这样做罢了。对于DataClear公司来说,向国外扩张所代表的挑战却要大得多。

当然,在某一个时点,DataClear公司可能不得不开始国际扩张。依我的经验来看,它最好的选择是与有增值潜力的中间商形成合资企业或伙伴关系,而不用在一开始就建立自己的国际运作机构。在这一方面,格里格是老练的。但是,在与其他公司(如本罗公司)谈判之前,格里格和他的团队还需要仔细考察它所要选择的市场和合作伙伴。DataClear 公司当前在美国、欧洲和亚洲的各个目标市场有何不同?公司应该寻求在邻近的市场有类似产品经验的合作伙伴,还是以其他产品为 DataClear 公司的传统客户服务的合作伙伴?DataClear 公司在欧洲应该拥有多少合作伙伴?什么样的伙伴关系架构能够与各有关伙伴预期的激励相容?

最后,格里格没有把设计国际扩张计划的任务指派给汤姆和苏珊。既然两人对国际扩张的看法表现出强烈的不同,他们的共同努力也会崩溃为一场权力斗争。格里格应该亲自领导制定计划的努力,并留下两三个月的时间来制定战略。如果在了解国外市场方面希望得到帮助的话,他应该把目光投向公司之外的同事、投资者和专业人士。事实上,他也正在开始这样做,他曾与莱斯特和萨拉有过交谈。格里格所面临的挑战是严峻的,但是并非迫在眉睫,惊惶失措地反应将会使事情变得更糟。

案例三

守住核心业务还是多元化发展

托马斯·J·韦特

案例提要

Advaark 公司是一家杰出的广告公司，其创办人之一乔治·卡尔德威尔（George Caldwell）正在认真地听其最大的客户 GlobalBev 公司的 CEO 约翰·麦克威廉斯（John McWilliams）讲话。

麦克威廉斯经营一家拥有亿万美元资产、生产各种名牌食品和饮料的控股公司，他正在对 Advaark 公司的最新产品品类表示称许。"这种'活力饮料'之热完全是我们始料不及的，"麦克威廉斯说。显然，他对 Advaark 公司将他的公司导入这一业务领域感到很高兴。然后，他又表现出更进一步的热心，"我想听听你们对我们快餐系列产品的看法"。

"噢，可别……"乔治这样想。他没有意识到他的合伙人伊恩·拉佛蒂（Ian Rafferty）已经侵入到了战略咨询业务领域。传统上，他们的广告社只集中精力从事创造性的广告宣传策划活动。事实上，对于因客户的需要而进入他们根本没有技术优势的领域是否明智这一问题，他们原先就有不同的看法。乔治认为，Advaark 公司应该坚守其核心能力。伊恩则看到了一个新的源泉，通过它可以为公司很容易地赚钱和为客户提供更多的服务，因为他认为这些客户需要一站式购物服务。

> **案例提要**

潜力是诱人的，但是对于乔治来说，潜力几乎不会多于负面影响。他们可能冒与那些定期与客户接触的战略咨询公司相疏远的风险。他们需要招聘或发展新型人才，需要创造新的方法和对人才进行培训。乔治正打算否决扩张计划的时候，却与原先的一位客户不期而遇。这使他有些踌躇不决。她（客户）听说 GlobalBev 公司已取得成功，因此她也想得到同样的帮助。急于要赢回一个失去的客户，乔治也似乎逃不出诱惑了。

Advaark 公司应该扩张其服务以满足更多客户的需要，还是应该坚守其做得最好的业务？四位评论家将就这一虚构的案例表达他们的看法。

"停!"斯派克·桑切斯(Spike Sanchez)在舞台上重重地跺了一脚,他的双臂晃动着,示意将音乐停下来。从头到脚穿着黑色,戴着深色运动眼镜,在炽热的灯光下,他浑身淌着汗水。他越来越不耐烦了。作为一个深受尊敬的音乐录像片导演,他开始在想,干这样的广告活儿是不是很好玩。"给你说过多少次,在做那个动作的时候要用手指着摄像机对着的饮料罐上的标识。"

舞台上的人是流行歌手梅根·M.(Maygan M.),自她同意做这个广告片以来,这几个月来她的名气一直在上升。她是一位18岁的、长得甜甜的漂亮女孩,穿着一件镶满金属片的三角露腹背心,紧身豹纹超短裙,还有那双曾经让她跌倒过两次的舞鞋。她移开对视着灯光的双眼,瞪着桑切斯。"似乎我就要看那个愚蠢的标识似的?"她口里嘟哝着,"你兴许可以用计算机或什么的把它搞上去。"

"兴许你也可以照我说的去做呢?"桑切斯顶了回去,"在你的15分钟的名气玩完之前,我们兴许会有点希望把这个30秒钟的短片播放出来。"他突然转过身去,用脚跺着舞台,然后又坐回到他的导演椅上。"我们再从头试一试吧。"梅根对他撅了一会儿嘴,然后甩了一下长发,做了一个原地自旋,然后回到开始的位置。

紧挨着桑切斯坐着的人是伊恩·拉佛蒂，他是一家设在纽约的广告社 Advaark 公司的共同发起人和老板。"很难与她一道工作，对不？"他耳语道。

"这？"桑切斯使劲地摆摆手，"这个什么都不是！试试与那些拴在曲柄上、想要卷土重来的跳摇滚的恐龙一起工作的滋味，你就明白了。"

在工作室的背后，拉佛蒂的合伙人和共同发起人乔治·卡尔德威尔正在与 GlobalBev 公司的 CEO 约翰·麦克威廉斯深谈。两个人对舞台上的滑稽场面似乎全然不觉。作为 Advaark 的关键客户之一，GlobalBev 公司是一家拥有亿万美元资产、生产各种名牌食品和饮料的控股公司。

"这种'活力饮料'之热完全是我们始料不及的，"麦克威廉斯对卡尔德威尔说。活力饮料是一个相当新的饮料类别。这种饮料含有草本刺激物成分和大量的咖啡因与糖，让人喝了之后觉得很上劲。十几岁和二十几岁的年轻人在学习、锻炼和跳舞的时候都要噼噼啪啪地喝上几罐，早上也要用它来提提神。这种饮料他们似乎总是喝不够。"多亏了这一切，"麦克威廉斯继续朝着舞台点了点头，"我想我们很快就会大获全胜。对了，叫什么名字呢，嗯？尼亚华莎（Nirvoza）！好听吗，还是……"

卡尔德威尔正准备说点什么的时候，音乐再次响起来，梅根又开始作对口型的练习。他看着她和那些在舞台上伴舞的舞蹈演员们,想起了他与拉佛蒂就品牌的名称谈过的话。他不太喜欢这一名称。它使他想到"厌食"一词——发音不好听,即使对于 Advaark 公司犀利的广告风格来说也是如此。

但是,拉佛蒂通过一个市场测试的结果说服了他。在饮料的目标受众之中,尼亚华莎这一品牌的得分之高令人难以置信。这些目标受众喜欢这样一个事实:尼亚华莎使人同时联想到天堂与一丝丝紧张。有些人说,它与西雅图垃圾铜管乐队的名字尼亚华那(Nirvana)谐音。即使这个小组中有歌手自杀,拉佛蒂也毫不在意。他争辩说,有这样联想的人是那些喜欢铜管乐队犀利感觉的人。卡尔德威尔最终动摇了。显然,客户对选择这一名字很满意。

音乐忽然之间停了下来,梅根·M.手执饮料罐迎着摄像机刷地掼去,与暗示的时间不差分毫。"有一份你自己的尼亚华莎!"她带着狠劲说出这几个字。刹那间,全场鸦雀无声,桑切斯腾地站起来,大张着双臂。"不可思议!"他脱口叫了出来,"她果真做到了!"然后,他笑了。"行了,大家辛苦了。得来全不费工夫!"在桑切斯转身去拍拉佛蒂后背的当口,掌声噼噼啪啪地响起来。"我要先检查一下带子,然后把它送过去,"他说,"不过,我想我们已经达到目标了。"

"太棒了,谢谢你,斯派克。"拉佛蒂站了起来,朝麦克威廉斯和卡尔德威尔点头示意,这两个在工作室背后的人仍然还挤在一起嘀嘀咕咕。

"乔治,你知道,"麦克威廉斯说,"Advaark 公司的创造性工作总是让我久久难忘。这些年来,你们为我们做的东西都太棒了。但是,你们应该早点告诉我,你们也帮客户决定是否进入新的市场。"卡尔德威尔刚要问麦克威廉斯他在说什么,拉佛蒂马上插了进来。

"那么,"拉佛蒂看着这两个人说,"你又是怎么想的呢?"

"这主意很棒!"麦克威廉斯热情地说,"我要再次感谢你们向我们建议进入活力饮料市场。我对这件事的感觉真是非常好。顺便说一句,我们已经完全赢得了这场战役,我想听听你们对我们的快餐系列产品的看法。我都有些等不及了,我想我们会错过机会的,是不是?"

拉佛蒂朝卡尔德威尔迅速瞥了一眼,然后向麦克威廉斯点点头。"当然啦。不过,同时我这儿还有一些东西,你也许想把它们放进你的战利品箱中,"他说,并递给他已经叫梅根·M.捏扁了的尼亚华莎饮料罐。

核心斗士

在麦克威廉斯要走出工作室门口的当儿,卡尔德威尔转向了拉佛蒂。"真的是你建议 GlobalBev 公司转向活力饮料市场的吗?我原来还以为是他自己的主意呢。"

拉佛蒂皱了皱眉头。"事实上,这是我一直想告诉你的一件事情。对我来说,显然,市场已经处于爆炸的边缘,GlobalBev公司将要错过机会了。似乎我们不是不懂他们的生意,乔治。所以,我向麦克威廉斯建议我们仔细研究一下。"

"还有呢?"

"他说去干吧。因此,我就活力饮料市场及其预计的成长率进行了许多调查研究,并且预见到了现在的竞争。这一切都有助于GlobalBev公司发起行动。我给约翰看了我们的研究结果,他很喜欢。就这样。"

卡尔德威尔很欣赏拉佛蒂的成功记录,但他对这种自行其事的行为不太喜欢。"首先,伊恩,我们是合伙人。我本来应该就此事有所评价的。其次,你有没有想过,活力饮料市场很可能成为明日黄花。"

"别着急,乔治。我们认真作过研究。即使在三年之内市场饱和——我个人认为它不会,GlobalBev公司也能从尼亚华莎上赚一把。他们的加工能力和分销渠道都已经完全准备好了。这对他们来说可是一桩大事情。"

卡尔德威尔有些不安,不过,拉佛蒂的确是一个富有创造性的奇才,客户们都非常喜欢他。他小心地把他的话挤出来:"伊恩,我很欣赏你的创造力。但是,当我们创建这一企业的时候,我们曾经达成共识,长期成功的关键在于坚守住我们做得最好的那一块——创造令人难忘的广告。我们不要偏离能使我们让人刮目相看的东西,这可是真正重要的。"

拉佛蒂很少需要人提示他 Advaark 的力量就在于创造。七年前,由于厌倦了单调乏味的电话铃声和一扫无遗的职位提升方式,他和卡尔德威尔从一家为之工作了 20 多年的巨型跨国广告公司一起离开,建立了自己的广告社。他们的信誉与积累的经验给他们一路带来丰厚的进账。他们雇了多名能干的广告词作者和艺术家(还有不少古里古怪的人),让他们自由发挥各自的疯狂灵感和不落窠臼的创意。拉佛蒂则是这个"马戏团"的导演,一个从不满足于现状的、高谈阔论的幻想家。但是,同样重要的是卡尔德威尔对业务焦点的把握和他的经营技巧。两位合伙人齐心协力,取得了一种卓有成效的平衡。Advaark 很快因为其精彩的广告——那种让人情不自禁想要说话的广告而建立起自己的声誉。

随着有消息传出去——Advaark 在吸引老练的、甚至是厌倦了的消费者的注意力方面极为成功,公司的收入开始飙升。尽管 Advaark 迅速成长为年营业额在 5.5 亿美元、拥有 400 名员工的中等规模的公司,但是公司努力维持一种令创新层出不穷的文化。Advaark 对于各种有创造性的人才有如一块磁石。

现在,伊恩在提议进行变革,这有可能对先前的一切构成威胁。"但是,我知道我们在这方面能够做得很棒，"他坚持说，"这一次我们没有对此收费，但是，你想想看，像这样的东西对于客户将会有怎样的价值？如果我们把它作为新的服务来包装销售，我们就可以生成新的收益流。"

"这可不是我们手头在做的那种业务。"

"如果我们的某个竞争对手也开始提供这样的服务，你还会这样说吗？"

卡尔德威尔本来要去参加的一个会议已经开始，此时他已经迟到了。在他转身离去的当儿，他做了一个几乎是不由分说的挥手姿势。然后，他又觉得他的合伙人是要多认真有多认真。"这样吧，我们一会儿还要去吃午餐，对不对？我们到时候再谈吧。"

表示担忧

为躲闪一个滚轴溜冰者，卡尔德威尔蹦蹦跳跳地登上 O-Zone 门前的台阶。O-Zone 是一家提供素食特别菜的氧吧，那是拉佛蒂午餐时最爱去的地方。拉佛蒂已经在那儿坐好了，正在研究当日特别菜的清单。看到卡尔德威尔，他立即招手让他过来。"你真走运，薰衣草氧气一分钟只要一个美元。"

卡尔德威尔笑了笑："嘿，这地方卖热狗吗？"

当他们所点的菜上来的时候，他们的谈话已经变得很认真了。"伊恩,我们在开辟新的市场方面甚至谈不上是半个专家。你是真的建议我们发展和推出完全不同的服务种类吗?"

"为什么不呢?"拉佛蒂反问到,"把你的障眼罩拿下来吧,乔治。我们这一行里面已发生了很多事情。整个产业正在合并之中,而且是在迅速地合并。越来越多的广告社正在向他们的客户提供一站式购物服务,客户在那里可以选择五花八门的服务,不仅仅是广告。"他停顿了一下,用一块胡萝卜条蘸了一下调味料。"甚至根本就说不清以后的广告公司真的会成为什么样子。在我们所做的与其他职业服务公司所做的之间的界线正在变得模糊。"

"但是,伊恩,这也就是为什么守定核心比以往任何时候都更为重要的原因。记得吗,我们是一家广告公司,不是一家战略咨询公司?作为一家最有创意的广告公司,我们已经成功了,这可是明摆着的。"

"对不起,乔治。我认为我们正躺在功劳簿上吃老本,这可有点危险。如果我们只将业务局限在我们过去所做的范围之内,我们可能会断送我们的将来。我们需要与时俱进。"

卡尔德威尔并不赞同他的观点。他提醒拉佛蒂想想上一次他们考虑分支出一项新的业务——交互式广告时的情形。在卡尔德威尔心目中,那是一个同样的命题:一个追逐客户需求的机会,但是这种追逐却深入到了一个公司不具备技术优势的领域。在经过一场激烈的辩论之后,他否决了那个主意。他相信,历史已经证明他是正确的。因特网泡沫随后破灭,一家家公司接二连三地抛弃了他们的交互式广告商。Advaark 可能放过了一些很容易就能得到的进项,但是它守住了它的信誉,还有它的客户。

> "我们知道我们还要向前发展,而且现在我们有一家客户请求我们提供新的服务。我们到底为什么不能那样做呢?"

拉佛蒂叹了口气:"够了,够了,别再提过去了。我们还是谈一谈将来吧。我们知道我们还要向前发展,而且现在我们有一家客户请求我们提供新的服务。我们到底为什么不能那样做呢?"他指出,Advaark 对其客户的品牌有深刻的了解,而且拥有客户的信任。没有理由相信他所说的服务不能销售给他们中的任何一家公司。由于与现有客户做更多的业务可以减少总的销售成本,赢利潜力是明摆在那儿的,而且相当诱人。同时,新的服务项目还可能吸引到全新的客户。

"如果我们砸锅了该怎么办呢?"卡尔德威尔说,"你想想看,这对我们的长期客户关系会有怎样的影响?"他继续忙不迭地说出其他可能导致项目失败的各种原因：缺乏标准的方法或培训计划，与那些定期与客户接触的战略咨询公司相疏远，因任何给定项目失败而带来的更严重的不良后果。有一个挑战对于他来说特别烦人。Advaark需要招聘不同的人才，要罗致到这些人也许代价不菲，要吸引和拴住他们还需要不同的薪酬计划。

"是这样吗？我们能够做到，"伊恩争辩说，"我们需要做的一切就是，对服务做适当的定价，以抵偿成本和维持一定的利润。对了，我们甚至可以看到业务不断改进。"

"慢点，伊恩。这样一来，他们与我们原来的那些人如何相处呢？一夜之间，他们一下子成为二等公民了？毫无疑问，这会导致真正的文化裂痕。"

"你对我们的人没有充分的信任，不相信他们是成年人。我实话对你说吧，如果我们不去开创这种业务，我们很可能有沦为二等公司的危险。你知道的，我们未来成功的关键在于通过拥有更多的客户来不断壮大我们的业务。"

"不对，伊恩，"卡尔德威尔顶了回去，"我们未来成功的关键在于我们继续去做世界一流的工作。"

附近有几个用餐者瞥了他们几眼，也许是憎恨他们把消极因素注入到他们周围的空气中。拉佛蒂瞪了卡尔德威尔一眼，然后把目光转移开去。他透过窗户朝外面看去，又叹了一口气。"好了，乔治。你看这样行不行？让我先为一家客户去做我要做的事。我会再进一步研究这件事的。听上去你需要更多的数据。"

卡尔德威尔看着拉佛蒂。这是一个合理的请求。"好的，伊恩，"他一边说话，一边伸手去接账单，又把钱夹取了出来。"你可以先试一试。我会乐观其成的。"尽管他怀疑拉佛蒂本来可能说服他，但他还是想确认，他的合伙人已经感受到他以很合适的方式听取了他的意见。

数据和疑虑

一星期之后，拉佛蒂向卡尔德威尔提交了他的研究报告。研究结果表明，据保守的估计，单是美国的营销战略服务市场容量就有13亿美元，而且在未来五年之内预计将以至少16%的年增长率增长。此外，目前向该市场提供服务的公司仍是五花八门，从企业战略咨询公司到市场调研公司，什么样的公司都有，甚至有几家广告公司也已经进入了竞争。拉佛蒂说，这对Advaark不仅是一个巨大的机会，而且还是一个警示：必须在更多的广告公司进入竞技场之前采取行动。

考虑到卡尔德威尔对风险的担心，他建议Advaark通过发展直接面向消费产品部门的服务，以渐进的方式进入市场。公司一半以上的客户都在这一部门，Advaark 可以以它从 GlobalBev 公司学到的经验为基础发展。他提出了一个服务发展的时间表，并列出了所需要的资本投资。

卡尔德威尔必须承认这给他很深的印象。拉佛蒂已经整出了一个具体的业务方案，他很欣赏这样的建议：他们起步时只将精力集中于一个产业部门。而且，如果仅仅因为有一家客户要求提供某项服务就发起一项他们根本不了解的服务，这个主意是很有风险的。它问伊恩是否会有时间考虑这个问题。拉佛蒂心头一亮，马上递给他一份自己的研究报告，供卡尔德威尔仔细阅读。

那天傍晚，在匆匆赶奔健身俱乐部的当儿，卡尔德威尔得出结论，拉佛蒂已经建立起了非常强有力的论据，但它仍然不足以说服他。Advaark 正是因为其如激光一般地聚焦于做最好的、有创造精神的广告社而成功的。晃荡进企业战略的竞技场可能导致一场灾难。

他在一台综合训练机上迅速地做运动，震耳的音乐和电视屏幕暂时分散了他的注意力。做完运动之后，他用毛巾擦了擦身体，匆匆走到饮料间，几乎与南希·吉尔伯特（Nancy Gilbert）撞了个满怀。

"乔治！我一直想打电话给你，"她大声叫到，脸上全是微笑。吉尔伯特是 Botanic Beauties——一家天然护肤和护发产品公司的 CEO。五年来，Botanic

Beauties 一直是 Advaark 的首要客户。但是，去年吉尔伯特中断了客户关系。Advaark 曾经努力想办法保持这一业务，但是业务还是旁落到波士顿的一家新开张的专业广告社手中。这对于 Advaark 来说是一个很尴尬的损失，损害到公司在拥有长期客户关系方面所建立的良好信誉。

"南希，真是巧遇！"卡尔德威尔掩饰起他的惊讶，"还好吗？"

"我昨天参加了一个 CEO 圆桌会议，刚好坐在 GlobalBev 公司的约翰·麦克威廉斯边上。他告诉我，你们的公司正在负责为他们提供进入活力饮料市场的决策支持。他正在忙乎着推出尼亚华莎。"

卡尔德威尔清了一下嗓子。"是吗，真得好好感谢他，"他不动声色地回答。

"不管怎样，乔治，让我长话短说。我们正在考虑进入牙膏生产行业。我们需要一些指导。我很想了解一下你们在这方面的工作，以及你们会怎样帮助我们。"

卡尔德威尔的头要晕了。不仅有一家当前客户要 Advaark 提供战略服务，而且一家原来的客户居然也有同样的要求。到底拉佛蒂的想法对还是不对呢？

| dvaark 要不要坚守其核心能力? | …… |

戈登·麦克科隆
约翰·O. 惠特尼
罗兰·T. 鲁斯特
克里斯·祖克

戈登·麦克科隆

戈登·麦克科隆（Gordon McCallum）是位于伦敦的维尔京管理公司的集团战略经理。

不知有多少家服务企业受这一问题的困扰！是坚守自己原来的业务还是开发新的收入来源？在这一个案例里，乔治·卡尔德威尔需要明白的是，他面对的不仅是一个战略困境，而且是一个组织困境。新的业务活动也许会有那样大的风险，但是与疏远伊恩·拉佛蒂比起来，它的风险就不那么大了，因为疏远伊恩·拉佛蒂可能或迟或早地导致Advaark公司出色的奠基人团队的崩溃。

很容易看到，为什么卡尔德威尔逃不出诱惑，困在"不试不知道"的想法中出不来。他和他的合伙人已经建立了一个非常成功的广告社。Advaark的核心能力是源于一个有经验的核心团队的创造精神。卡尔德威尔的本能告诉他，如果将公司业务分化为一个个不相关的附属服务，整个公司都会发疯，而且他的这一看法已经为拉佛蒂先前对交互式广告发生兴趣时发生的一切所证实。他知道，公司分心于新的活动越多，它越可能失去它的客户业务联系。坚守公司的业务要好得多,即使它意味着缓慢的成长。

当然,事情并不那样简单。最终,可能拉佛蒂是正确的,尼亚华莎有可能大获全胜。而与吉尔伯特的不期而遇说明了 Advaark 的其他客户可能急于寻求在这一领域的帮助,而传统的咨询公司也许不会提供有效的服务。也许,关于"整个广告业部门将围绕几个小的、在更大范围一体化的服务业务继续合并"的说法也不假。更重要的是,拉佛蒂的才能和精力有用武之地,能使这样的新业务获得成功。

对于我们维尔京管理公司来说,这最后一点在做决策时有很大的权重。与很多风险资本公司一样,我们一直将管理各种业务的管理团队的能力和能量排在我们检查清单的首位。尽管总是存在其他一些决定成功的因素(如企业模式、品牌力度、产业结构、竞争强度,这里只挑一些更重要的因素提一提),我们反复发现,领导组织的人的能力最终决定我们是生出小猪还是生出小马。

如果我是卡尔德威尔,我会让拉佛蒂尝试一下他的主意,但是要采取某种方式减小负面风险。从创造性的广告到新产品和市场服务的跳跃并非非常巨大,尤其是,如果拉佛蒂将其努力集中于那些与品牌开发和管理有密切联系的领域的话。他应该避免进入那些他不被认可,而且其间有多家具有专门技能(如定量性研究技术）的公司存在的领域。拉佛蒂已经整理出了一个可行的计划，它只需要有限的资源，而且如果它不成功，负面影响也会很小。

卡尔德威尔应该给拉佛蒂很具体的东西，而且如果可能的话，应该通过向他提供专门的办公空间和强大的团队来支持他，从而使他不受"常规业务活动"的影响。如果拉佛蒂获得成功，Advaark 也成为赢家，卡尔德威尔与其合伙人的关系会更加巩固（至少在拉佛蒂又生出下一个好点子之前）。如果试验失败，拉佛蒂知道他已经作了最好的尝试，他与卡尔德威尔的关系可能会因为这一经历而更加巩固，尤其是，如果卡尔德威尔小心谨慎地处理这种局面的话。通过一些不无技巧的公共关系处理，广告社的损失也不至于太大。

Advaark 经营在一个以创造性（成功的最为关键的要求之一）为稀缺资源的产业。各个合伙人都知道，他们应该保持一个能够吸引有才干的个人的环境。作为这种环境的一部分，卡尔德威尔必须放松他的控制，让拉佛蒂按自己的想法办事。否则，他就会冒失去一个非常有创造力的伙伴的风险，而为坚守住自己的优势业务而付出这样的代价也许并不值得。

约翰·O. 惠特尼

约翰·O. 惠特尼(John O. Whitney)是纽约哥伦比亚商学院的管理学教授。他于1986年加入该学院。他是《业务部门战略创新》(*Strategic Renewal for Business Units*)一文(《哈佛商业评论》,1996年7~8月)的作者。

刚刚过世的大卫·奥吉尔微(David Ogilvy)是世界著名的广告人之一,曾经向人讲述他为阿伦·斯特里特(Aron Streit)公司(一家面包公司)工作和他的客户开始自己编辑广告页面的日子。如果这样下去,奥吉尔微什么都做不成。"斯特里特先生,"他说,"你做你的面包,让我来做广告吧。"同样的智慧在此也是适用的:Advaark公司集中精力制作广告,而不去染指面包业。毫无疑问,作为向客户提供服务的一部分,公司可以为客户出谋划策。但是,想出一个点子是一件事情,在市场上成功地实践你的点子又是另外一件事情。

如果Advaark公司要进入宣传新型食品的领域,其员工至少要教会自己足够的知识,会就食品化学、FDA规则、产品将在其中销售的有关国家的标签法和制造工艺问一些问题。包装怎么办？新的饮料使用玻璃包装还是使用塑料包装？使用长颈瓶还是广口瓶？螺口盖还是软木盖，或是传统瓶盖？好的产品经理对产品制造商的能力和局限的了解无微不至。市场试销情况怎样？一些对这类参数不熟悉的人会把产品开发弄得手忙脚乱。分销又应该怎样安排呢？应该将其集中于便利店、超级商场、自动售货机还是批发商？这些仅仅是需要作出的成百上千的决定中的几个而已。任何错误的决定都将为新产品带来厄运，造成 Advaark 公司及其客户的资源浪费。

只有当经理人有源于外部世界的现实预期（它会帮助他们知道做什么和怎样做）的时候，才会得到可行的战略。只有当他们那些计划能够有正确的资源和在竞争中将计划贯彻到底的决心配合的时候，他们才会取得成功。没有证据表明他知道做些什么和如何去做，或者他有资源去努力实施这些计划。

这是不是说，Advaark 公司或任何有这样问题的公司，绝不可以去尝试新的冒险呢？当然不是。但是，如果它确实要去尝试的话，它应该形成一个有充足的基础设施和资源的新企业，而非将新业务附着于现有的企业。附着的业务会分散企业的焦点、企业的能量和管理人员的责任；与此同时，它们也会使核心业务和新的业务活动都收不到应有的效果。当然，也不一定非得花时间和努力发展一个自己的产品战略业务部门,作为一个替代选项,Advaark公司可以收购一家现有的公司,它确实可以这样做;但是,假如事情是现在决定下来的,我会说它不应该这样做。因为Advaark公司可能不了解这一点:它的核心业务会有风险,因此要求管理层的直接关注,不得有任何分心。

> 在公司垃圾堆上扔满了一些这样的公司,这些公司在追逐新的机会的同时忽视了其核心业务存在的风险。

悲哀的是,就竞争优势而言,Advaark公司不能把什么都视为理所当然,因为自9.11事件以来,世界已经发生剧变。人们不再在水冷却器上谈论机智的广告,从前行之有效的战略可能不再灵验。梅根·M.和她所代表的一切可能突然之间变得毫无意义,甚至变得让人倒胃口。因此,Advaark公司的优先考虑应该是,识别其客户在情绪与动机上的变化,以及寻求方法以顺应这些变化。

虽然它只不过是眼下的一个例子,但是它也是一个长期存在的问题。在公司垃圾堆上扔满了一些这样的公司,这些公司在追逐新的机会的同时忽视了其核心业务存在的风险。任何公司最稀缺的资源是具备各种领导技艺的有知识、有经验的人。每当一家公司要着手进行战略转变的时候,这些资源便会从其核心业务纷纷脱离。

当然,公司也有实施多元化、寻求新市场和从事新业务活动的时候。对于每一家企业来说,经济和知识的增长是至关重要的。但是,实现这一增长所需要的资源先要被识别、被理解,并且你还要知道它们是可以获得的。然而,Advaark 公司拟议中的新企业并不满足这些要求。

罗兰·T. 鲁斯特

罗兰·T. 鲁斯特（Roland T. Rust）在马里兰州大学园的马里兰大学 Robert H. Smith 商学院担任营销学的 David Bruce Smith 教授职位。他也是商学院的 e—服务中心主任。他是《驱动客户资产——客户终身价值是如何重塑公司战略的》（*Driving Customer Equity：How Customer Lifetime Value is Reshaping Coporate Strategy*）一书（自由出版社，2000年）的共同作者。

与今天的许多公司一样，Advaark 公司发现自己正试图琢磨出是否要变得更像一个服务组织。卡尔德威尔通过核心能力来看企业，反映了一个从内向外、以内部为中心的取向。Advaark 公司的广告业务做得很出色，因此他得出结论说，这就是它应该继续坚守的东西。另一方面，拉佛蒂通过其客户来看广告社，其基本取向是以外部为中心。对于他来说，要问的问题是，核心能力如果不是客户所需要的东西的话，它又有什么好处呢？

未来的潮流是与拉佛蒂同在的。无所不在的灵巧公司——首先是在服务部门，而现在又是在产品部门，正在更少地考虑产品交易，更多地考虑客户关系。它们的目的是增加组织的"客户资产"，即公司所有客户的终身价值的总和。

我和我的同事从事过一项旨在揭示"客户资产"的三个主要驱动力的研究。对于 Advaark 公司来说，第一个驱动力是价值资产，它将随着广告社通过新的服务向其客户提供更多的价值而被建立。当 Advaark 公司扩展自身形象的时候，它会取得第二个驱动力——品牌资产。它的品牌代表一种能力，一种不仅创造优秀的广告，而且能够识别带倾向性的新型市场的能力。通过识别与客户的联系，建立关于每一家客户的知识，从而增加客户的转换成本，公司可以建立起第三个驱动力——关系资产。有些营销人员称其为保持力资产或"客户锁定"。

向核心能力之外扩展并非易事。我最近咨询过两家跨国公司（一家是欧洲的食品、化工以及消费品生产领域的大型联合企业，一家是美国的化工和生物科技企业），它们面临的挑战与 Advaark 公司所面临的基本类似。每一家跨国公司都力图解决这样一个问题：如何将旧式的、面向交易的企业单位转换为全服务型的、关系取向的企业单位。在每一个案例中，尽管高层管理人员表现出良好的意愿，但是由于某些关键领导已经变得过程取向，并且已被锁定在现有的核心能力当中,公司内部存在相当大的变革阻力。

内部取向的公司以其运作效率为第一考虑,因此,在经济困难时期,它会倾向于抑制扩张以降低风险。那些需要时间来培养和建立的对客户关系有很大依赖的业务部分似乎成为可以舍弃的对象,特别是在客户关系并未完全建立好的早期阶段。因此,内部取向的企业习惯于在艰难时刻减少生产能力,以使得眼前利润增加,它可能试图以同样剧烈的方式减少其业务中的关系部分,从而将萌芽中的客户关系一手掐掉。建立客户资产要求有耐心、有连续性,特别是在经济困难时期。

如果Advaark公司决定发起新业务,一个在如何看待其业务方面的根本转变就会发生。现在,它首先必须成为服务提供者;其次,它才是一个广告公司。它需要积极寻求更多的途径就客户关系进行投资,并深化这种关系。

卡尔德威尔已经认识到他和他的合伙人所拥有的技艺的互补性,拉佛蒂有目光向外的、创造性的远见,而卡尔德威尔自己的长处是经营。拉佛蒂应该被给予更多的自由,从而可以通过他使Advaark公司的业务成为客户所说的他们所需要的业务,卡尔德威尔则应该努力使这些计划更加有效地运作。

克里斯·祖克

克里斯·祖克(Cris Zook)是位于波士顿的贝恩公司(Bain & Company)的一名董事及其世界战略实践部的负责人。他与詹姆斯·埃伦(James Allen)是《从核心获得利润——剧变时代的成长战略》(*Profit from the Core: Growth Strategy in an Era of Turbulence*)一书的作者(哈佛商学院出版社,2001年)。

Advaark 公司和 GlobalBev 公司正在走向毁灭彼此价值的危险边缘。广告社没有任何正当经济理由作支持,却建议其客户进入活力饮料市场。对一个经济财源抱有的不切实际的希望使得 Advaark 公司偏离其广告核心业务。两家公司都已经走近我所称的"虚假热情"陷阱的边缘,在那里,一家见惯了成长机会的公司可能对什么事都表现出狂热的热情,却忘记去问一些更为困难的问题,以及索要对这些困难问题的答案。

当贝恩公司研究世界范围内 2 000 家公司的成长战略时,我们发现,一家公司能够做出的最有风险的决策就是偏离其核心业务。我们编录了上千个当公司过早地抛弃其真正的优势时价值毁灭的案例。许多公司,包括从西尔斯公司(Sears)到 Prudential 公司,再到苏黎世保险公司(Zurich Insurance),都试图向客户提供捆绑业务,到头来还是要回到他们的核心业务上。多年前,Saatchi & Saatchi 公司决定将其广告业务扩张到 IT 产业和管理咨询业,结果导致巨大的损失和为期十年的战略性倒退。Anheuser-Busch 公司放弃其啤酒核心业务,入侵到诸如 Eagle Snacks 之类的食品行业。(在从这些产业退出之后)在对业务核心重新定位之后,能够继续成长并且利润不菲。任何商界出版物的读者在 GlobalBev 公司的计划中都会听到 Quaker Oats 公司对 Snapple 公司的灾难性收购所发出的回音,这一收购决定毁灭了 20 亿美元以上的股东价值,并从 Quaker 公司的核心部分吸走了不可估量的能量。

我们的研究提出了公司可以用来判断任何战略成长举动的真正风险与收益的五个步骤。第一步,严格界定你的核心业务,使你的管理团队就哪儿是战场达成共识,这是任何成长战略的起点。第二步,以各项核心业务的竞争地位和获利能力为基础,决定哪一个核心最有成长潜力。务必使资源配置向这些核心倾斜。第三步,决定最有力的核心是否接近其全部增长潜力,或者是否可以挖掘足够的潜力。第四步,识别各种机会或力量最强的核心"邻域"。确定利用这些机会的顺序,留意它们之间的任何关系。最后,评估在拟议要进入的领域,是否有取得市场领导地位的可能,并进一步评估取得这一地位所需要的成本。

不要忘记,某些最成功的成长战略是受核心客户的新需要驱动的。比方说,American Express 的核心银行卡业务的大多数都是通过仔细研究核心客户群的"钱夹子构成"得来的。通过越来越多的部门来扩展与核心客户的接触,惠普公司(Hewlett-Pachard)也在增加静电复印业务的"复印成份"的同时,为打印机业务走上长期成长轨道加了一把油。

成长总是需要冒经掂量过的风险的。公司需要对任何新的成长举措的风险和可能的后果进行评估,同时要保证不要因太多的分析阻碍决策速度。Advaark 公司和 GlobalBev 公司需要防止出现这样一个决策过程,这一过程与梅根广告短片的情绪化很相似,但与经过精心计算的对成功成长的追求不相似。

案例四

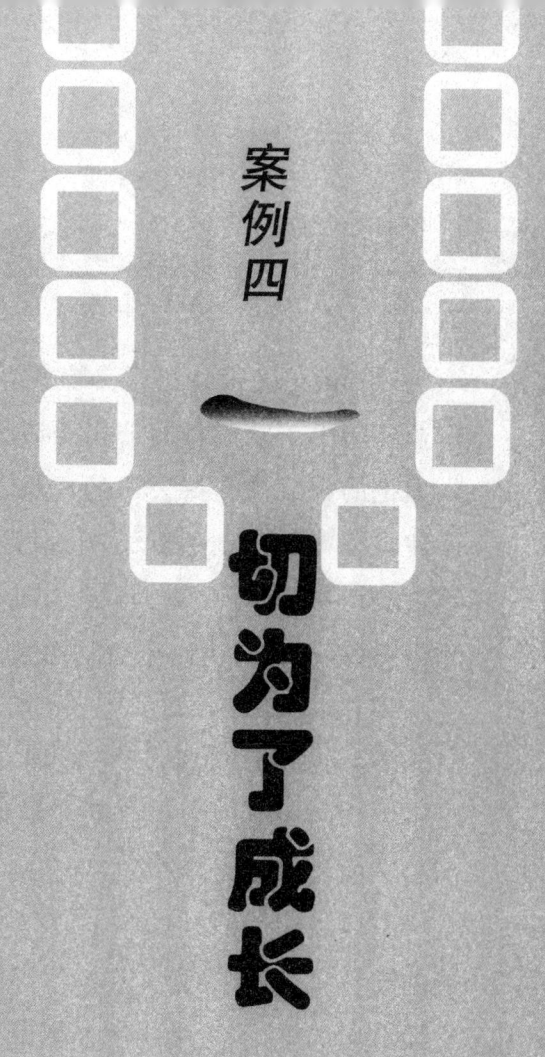

一切为了成长

保罗·衡蒲

案例提要

Paragon 机床公司是一家在越来越严峻的产业环境中茁壮成长的公司。该公司一直在投入大把的金钱来支持公司的成长。这些努力已经使得公司的赢利边际下降，但是公司的 CEO 尼古拉斯·安纳普提克西（Nikolas Anaptyxi）却相信，这些努力将为一个赢利的未来打下基础。

现在，Paragon 机床公司正在考虑收购 MonitoRobotics 公司，该公司拥有监测机器人设备工作的专有技术。此项几乎将使公司收入翻一番的收购活动，可以帮助 Paragon 机床公司从一家成长缓慢的制造业企业转型为高速度发展的高技术企业，并为其步履维艰的服务业务提供强有力的支持，最终能使公司设置与机器如何实现相互通信有关的技术标准。至少，公司的这位 CEO 是这样认为的。

Paragon 机床公司的 CFO 威廉·利特菲尔德（William Littlefield）却并不感到把握十足。他说，收购将导致巨大的风险，并使公司赢利进一步面临向下的压力。Paragon 机床公司的管理团队意见不一，安纳普提克西必须决定下一步怎么办。

这一个案例探讨的是当前许多产业中的一

案例提要

些公司都面临的成长问题。这里所面临的具体的两难困境是,在牺牲当前利益以获取长远利益方面,Paragon机床公司应该走多远。就这一虚构案例发表评论的是ITT公司的前首席执行官兰德·阿拉斯科革(Rand Araskog),马拉坎联合咨询公司(Marakon Associates)的首席执行官肯·法瓦罗(Ken Favaro),以研究报酬递增而闻名的经济学家W.布赖恩·阿瑟(W. Brian Arthur),健康网(Health Net)的首席执行官杰伊·杰勒特(Jay Gellert)。

瞧，你就得成长。经济中的一切都是为了成长。嘿，我们这个国家中的一切也是为了成长。毫无疑问，它是驱使着我的某种东西。我的父亲康斯坦丁·安纳普提克西（Constantine Anaptyxi）看到美国有大把的机会，就从希腊来到美国。他工作非常努力，也很少冒险，最后实现了他的梦想。五年前，我放弃了一家《财富》500强企业提供的一个高级副总裁职位，来到这家公司做CEO。因为我看到Paragon机床公司有很大的潜力，尽管那时它还只是一家很小的机床制造商。我没有在公司实行任何减员的行动，我也不打算让公司小下来，从而为四家客户、为自己的员工及股东创造价值。我甚至不想看在上帝的份上为"追求卓越"而缩小企业规模。

我开始一步一步地走上现在的道路。也许我现在正在试图努力打消与公司的成长计划有关的其他想法。我知道它不仅仅关系到公司的成长，它更加关系到有利可图的成长，因为我的CFO威廉·利特菲尔德先生总是乐于给我一些提示。"尼奇，"他会说，"你是知道的，当人们应该关注他们底线的时候，他们满口谈到的却是如何向顶峰攀登。"这位利特菲尔德先生很有些喜剧演员的才气。尽管这话听上去有些蹩脚，但它也告诉你很多关于利特菲尔德的事情，以及（依我来看）他对生意的狭隘看法。有时你得先牺牲利润才能最终取得利润。

　　对于我来说,正是因为抱有上面的期望我才打算收购 MonitoRobotics 公司。该公司使用传感器技术和通信软件来监测和报告机器人设备工作的实时信息。通过改进这一技术并将其应用于我们的机床,我们可以向客户提供快速反应的故障查寻服务。时下一些咨询人员们喜欢称这一类业务为"解决方案"。随着时间的推移,我希望我们的公司能够将这一技术和软件应用于其他机床上,甚至是其他加工制造设备上。此举可以使我们不至于过分依赖成长缓慢且具有周期性的机床制造业务,并有助于我们在具有极好增长潜力的技术市场上取得优势。它还有可能使我们目前的年收入(在 4 亿美元左右)翻一番,并使华尔街不得不对我们表示关注。

　　利特菲尔德对这事儿怎么说呢?他当然不赞成收购,因为风险太大了。他甚至认为我们应该卖掉我们目前的服务部门。"它拖累了公司的利润,"他是这样说的。在一些外部咨询人士的帮助下,在过去的几个月,我们的高级管理团队一直在对我们的服务业务以及收购 MonitoRobotics 公司的利弊进行分析。明天,我需要告诉利特菲尔德先生我们是否应该坚持干下去,并为下星期的董事会就拟议中的收购事宜准备一份陈述报告。如果我们真的干下去的话,我现在就有这样的预感:某个 CFO 可能会开始向那些猎头公司回电话。我很不愿意失去他。不管我们之间有多大的分歧,我得承认他这个人既能干又精明。事实上,在有些领域比我要精明得多,尽管在这一问题上我却并不这样想。

妈妈与苹果饼

1946年,当我父亲21岁的时候,他与他的新娘一起离开希腊的提诺斯岛(Tinos),来到纽约城。在昆斯区的阿斯托里亚,他开始在他堂兄开的一家干洗店里干活。后来,他在城市的另一边开起了自己的干洗店。在我七岁那年,他用光他所有的积蓄,在布鲁克林(Brooklyn)购买了一家商业洗衣店。在后来的几年中,他接二连三地开起一家又一家洗衣店,并常常要向银行借款,有时则以我们的三口之家为抵押。其时,我们已经把家搬到本森赫斯特(Bensonhurst)。在我十多岁的时候,他的生意规模已经做到上百万美元,专门为大纽约范围内的各种旅馆和医院洗亚麻织物。"尼古拉斯,成长就像美国、就像妈妈与苹果饼一样,"我父亲这样对我说,他喜欢使用像那样的完全美国式的表达。"你要做得更好,首先得做得更大。"

我妈妈看上去并不很阔绰。当她的英文有足够好之后,她就去夜校学习簿记,帮助父亲记账。她有她自己的口头禅。她的口头禅与美国俚语中的另外两句常用语不谋而合。"等一等,别性急,"当我父亲手舞足蹈地描述他的某些新的业务扩张计划的时候,她会对他这样说。"不然你可能会失去它的。"在领导公司走向成长方面,我父亲是一个真正的天才。但是,令我深信不疑的是,只有我母亲才是对它的赢利负责的人。

在我15岁的时候,我们家搬到了美丽的泽西(Jersey)郊外。我从来就适应不了那儿的生活:年龄小,不能做运动;就那儿的社会环境而言,我称得上是少数民族;我的学习表现也不过中等。不过,我学习很用功,后来上了Rutgers学院,在那儿学经济学,然后继续读MBA。在商学院,有些事情倒做得挺像回事儿。我对解决案例研究中的现实世界问题似乎很有一套自己的方法。在一个强调找出你能做什么而非不能做什么,强调预见事情怎样才能成功而非预计它们如何失败的环境中,我开始茁壮成长(感谢上帝,我没有听从我叔父的建议去做一名公司律师)。

当我毕业的时候,我在WRT(克利夫兰的一家大型工业联合企业,上一年的夏天我曾经在那儿实习过)找了份工作。在后来的15年中,由于我在识别新的市场机会方面所表现的突出能力,我一级一级地不断往上升。当我45岁的时候,我已经成为拥有23亿美元业务的机床部门的领导。我在那儿的头三年,部门的销售收入和利润猛增,这可一点不假。但是,我还是觉得我的工作有些令人沮丧。每一项收购建议或是新的实质性举措都必须得到总部那班与业务毫不沾边的人的批准。每当公司利润下降的时候,公司作出的毫无头脑的反应就是全面的成本削减计划,根本就不考虑个别部门的业绩表现。

因此,当俄亥俄南部一家小型的、有赢利的机床制造商给我机会,让我去领导该公司的时候,我就迫不及待地抓住了这一机会。

向日葵造型

我还记得五年前开车去 Paragon 公司上第一天班的情景。在俄亥俄的乡间道路上迂回前行,我看见一丛向日葵长在靠近一个谷仓的布满岩石的地头上。"嗯,这对我来说可是一个好的象征,"我想,"一种很普通但很踏实的植物,它很快就会长得高出它的邻居一头,而且往往是在相当艰难的环境中长大的。"我对 Paragon 公司——一家在一个极为困难的产业和经济环境中运作的脚踏实地、不显山露水的企业,充满着犹如茁壮成长的向日葵一样的信心。

一方面,Paragon 公司本身的运作是相对健康的。公司的经营活动是生产航空航天发动机制造商所使用的高端机器产品。此外,尽管整个机床制造业在过去的15年来备受打击,但是公司高端产品的毛利一直相当可观。另一方面,我们的产品市场基本上处于停滞不前的状态。国外竞争者已经开始蒙受损失,而且我们还将继续经受经济周期的严峻考验。

我很快发起了几项举措,以刺激销售收入的增长。通过采取极具攻击性的定价政策,我们增加了销售,同时增加了核心市场的份额,把几家国外竞争对手赶出了市场。我们也通过改进我们的旗舰产品并使之用于一些其他产业,扩展了我们的产品类别和基础客户。我们在工业信号系统和电子标签领域发起了一系列的收购活动,以充分开发利用我们与机床用户建立起来的关系。毋庸置疑,我们这些举措给公司利润核算带来了很大的压力。除了产品减价和举债支持一系列收购活动之外,我们还必须投资于新的加工设备,并壮大我们的销售队伍。但是,我们也为我们所满怀希望的一个利润丰厚的未来打下了基础。董事会和包括利特菲尔德在内的高级管理团队也都同意我的观点。

事实上,我和我的CFO已经建立起了一种亲密的关系,尽管我们有着不同的商业本能。在我们工作关系的早些时候,这个第六代扬基佬一开始只是调侃我的母校。如果我开始"头脑风暴"并搞出某个疯狂的主意的话,他会说:"他们在Rutgers学院就是那样教你考虑问题的?因为在沃顿(Wharton),他们教我们……"我对他笑了笑,然后告诉屋子里的其他人,我们对利特菲尔德一直担任宾夕法尼亚州足球队的啦啦队长有多么骄傲,好像那就是他最大的学术成就似的。有一次,他无意中说到,事实上他是 Phi Beta Kappa①。我们都笑得说不出话来了。我说:"得了吧,利特菲尔德。不错,你可能是 Phi Beta Kappa,尽管你的金质别针上刻有这些字,但是,你还是不会比我更像一个希腊人。"说老实话,我们的能力是互补的,为了公司的发展,我们都竭尽全力,力求把事情做得更漂亮一些。

> Paragon 公司在成长,同时,在我们的经理人员之中(事实上是在整个工作队伍之中),兴奋感与紧迫感也在不断增长。

Paragon 公司在成长,同时,在我们的经理人员之中(事实上是在整个工作队伍之中),兴奋感与紧迫感也在不断增长。原来对在 Paragon 公司工作只不过感到满足的人现在已经在迫不及待地准备迎接下一个挑战。这种兴奋传遍了这个我们以它为基地的小小的俄亥俄城镇。当我与我的夫人一起参加聚会,或向当地的扶轮社讲话,或停车购买汽油的时候,人们会对我们

---

① 译者注:指因学习成绩优秀而被选为 ΦBP 联谊会会员的人。

的公司和我们的最新成就表现出真正的兴趣。当我们宣布公司新的举措时,我们总是提到创造的工作机会对当地的影响,这当然会产生好的效果。毋庸置疑,这也为我的自负火上加油,我的抱负是要做当地池塘里最大的鱼。但是,对于我来说,更为重要的是那样一种感觉,那样一种给人们带来有理由支持的当前幸福感和对未来信心的感觉,这是经营企业的最高境界。

不管怎么说,自从我来到公司之后,公司的确成长很快。但是,我们仍然还有很长的路要走。我开始在想,我们未来成功的真正关键应在公司的服务部门。我们目前正在向客户提供某种选择权,客户可以选择购买我们的标准服务合同,我们则依照合同规定为客户定期提供机器保养维护,并随时响应客户的修理要求。不过,我们也一直在开发与MonitoRobotics类似的技术和软件,如果某个客户的机器在工厂出了故障的话,这将使我们能够立即作出回应。目前,服务部门的业务在我们的收入中所占的份额还不到10%,由于新技术的研发成本很高,服务部门正在做艰苦的努力以实现赢利。

然而,从服务部门我看到了新业务的种子,这样的种子最终会将我们从一家制造业公司转化为高技术公司。这样的转型要求公司文化和公司能力有一个大的改观,因此不会是一帆风顺的。它肯定会要求公司做重大的、额外的投资。不过,潜在的好处也是巨大的,销售和利润的增长会使得我们当前一位数字的增长率相形见绌。除此之外,我们到底还有些什么选择呢?我们的几家竞争对手已经看到了这一机会,并开始追逐这一机会。如果我们不迅速地冲上前去,我们可能会错过机会。

准备就绪的公司

一个月之前,我正坐在办公桌前为一帮为我们公司服务的分析人员准备一个情况介绍。直到最近一段时间,他们当中的大多数人对于我们的成长计划都只会说些好听的东西。但是,在上一个季度,当我们再次报告年度收益下降时,他们中有几个人开始询问一些与投资有关的尖锐问题,以及预计什么时候投资会开花结果。我正在考虑在即将召开的会议上我该如何回答这些问题的时候,电话铃响了。是我们的投资银行家杰德·尼克松(Jed Nixon)打来的电话。

"尼奇,我想我们应该谈谈,"他说。从他的声音可以听得出他想要谈某件大事情。然后他告诉我到底是什么事情。"MonitoRobotics 准备就绪了。"

我们俩都对照着日历改来改去,最后好不容易决定:次日在杰德辛辛那提的办公室一起吃午饭。有谣传说,我们的竞争对手 Bellows & Samson 正在考虑对 MonitoRobotics 发起恶意收购。巧的是,我们刚好在几个月之前开始与 MonitoRobotics 的管理层就机床远程维修技术进行过对话。不管怎么说,杰德的电话已经收到了它的预期效果,它让我改变了对该公司的想法:为什么我们自己不去收购它呢?

尽管 MonitoRobotics 设计的技术是用来检测和报告机器人设备运行状况的,但是当我们见面时,该公司的经理们都告诉我们说,对这种技术加以改进后,可以将它用作其他工业设备。事实上,MonitoRobotics 最近已经向一家公司发放了技术许可,后者打算对该技术加以改进,然后将它用于自己复杂的、故障频仍的生产线。我们的工程师们证实,可以开发一个版本供我们自己的机器使用。尽管在作初步估计的时候,他们还不敢肯定这要花多长的时间。

此外,收购 MonitoRobotics 的潜在好处真是太多了。它既可以帮助我们在一个不断成长的业务领域占有大量的业务份额,同时又可以先发制人,防止竞争对手在该领域分一杯羹。不管改进 MonitoRobotics 技术并将其用于我们自己的产品需要多少时间,与我们继续独立开发技术相比,这几乎肯定能够使我们向客户更快地提供这一宝贵的故障查找服务。尽管我们的产品有不同,但是 MonitoRobotics 和 Paragon 潜在地都在为许多相同的制造业客户服务。"想一想交叉式销售所带来的机会吧,"杰德咬了一口他手中的三明治说。然而,最大的机会还在于,MonitoRobotics 软件技术有可能成为机床业的标准工具,并最终成为这一类工业设备的标准工具,通过它可以将机器的维护服务需要转达给维护人员和可能会受其停工影响的其他设备。

这是一个相当冒险的想法。但是,对于我来说,收购 MonitoRobotics 代表着 Paragon 公司的一个突破性机会。我们先前与其管理团队的对话是诚挚的,表明该公司可能欢迎我们提出一个友好的收购要约,以对抗 Bellows & Samson 的恶意收购。当然,即使我们能够以一个公平的价格买下 MonitoRobotics,收购一家这样大的公司也会进一步推迟我们的投资回报,减缓我们过去所习惯了的利润成长。我知道,这样的事肯定不会让所有的人都感到满意。

管理层的不同声音

与杰德见面后的第二天,我召集所有的高级管理团队成员开会。当我提到可能的收购,尤其是收购的规模的时候,会场内出现了一种被压抑得刚好能够让人感觉到的喘息声。"乖乖,那我们可能需要消化很多东西,可是,眼下我们餐盘里面的东西本来就不少了,"我们的高级营销副总裁乔·麦克科隆(Joe McCollum)这样说。"这也许代表了一个千载难逢的机会,"服务部门的领导人罗斯玛丽·韦特考斯基马上顶了回去。然后，利特菲尔德开始说话了。他的怀疑态度乃是意料之中的事。

"我刚刚算了几个简单的数字，想看看收购MonitoRobotics对我们的经营底线到底意味着什么，"他说，"除了收购本身所发生的成本之外，我们还要注意几项重要的短期费用，包括软件加速研究费用、人员招聘和培训费用，甚至还包括品牌开发费用。"他指出，由于我们正竭力通过早期与增长相关的投资来恢复赢利，这些成本将对我们的收益项目施加更大的压力。

利特菲尔德也承认，一个像这样的大胆的收购计划在我们的分析人员看来可能会是一种成长举措，甚至它可能会促使一些证券公司来追捧我们。但是，他坚持说，如果我们的收益水平不能迅速恢复的话，华尔街很快就会嘲笑我们的。然后，他出人意料地说："坦白地讲，我认为这是一个我们可以考虑从服务业务完全撤出的机会。消除我们一直在承受着的损失，可以使我们开始意识到利润的增长，这样的利润增长是我们对在仍然表现得很健康的机床业务所作的投资所一直期待着的。"

利特菲尔德争辩说，不管我们是否收购MonitoRobotics，由于我们的几个竞争对手已经进入了机床维护服务市场，因此，我们不会很清楚我们是否有能力主导该市场。此外，这样的市场可能不值得我们为它去打拼，因为我们的许多客户自己也在为利润而挣扎，可能不愿意或没有能力购买我们的附加服务。"最后一家进去，场上的灯全熄火。"利特菲尔德习惯于用这句话来描述那种匆忙去统领一个无利可图的市场的行为。

罗斯玛丽一找到说话的机会,就立即开始反驳,也为她部门的经营活动进行辩解。"这可是目前我们所处的有重大增长潜力的领域,"她说,"我们已经投下了大把的钱开发这一软件。我不相信你会把所有的投资从窗口扔出去。"但是,当利特菲尔德争辩说,如果把赔钱的业务卖掉的话,我们可以收回大部分投资的时候,有几个人点了点头。

几天之后,我个别征求了几位高级管理团队成员的意见,发现他们对收购问题的看法表现出明显的分歧。而且,实话说,我已经就这件事开始怀疑自己了。我尊重利特菲尔德在财务上的老练。没有人提出过这样的问题:作为一家传统的制造企业,Paragon 公司是否有管理能力经营一个新发起的软件企业。我们决定雇两家很有名气的咨询公司来对拟议中的 MonitoRobotics 收购计划作一个快速分析。

向日葵的接替者

今天,两家咨询公司带着意见不同的报告来见我们。一份报告突出强调 MonitoRobotics 技术的市场潜力,并且指出,我们自己独立地开发类似的技术可能已经为时太晚了。另一份报告则集中强调,很难对该公司的技术与我们自己的技术进行整合,也很难对技术进行改进,以使之适用于机器人以外的设备。

晚上我开车回家,我所面临的两难问题却远远没有现出解决的迹象。从多方面来讲,利特菲尔德的数据分析提供的谨慎信息很有说服力。同时,我深信这类复杂决定的正面与反面是不可能用数字精确地量化的。有时,你不得不依你的本能行事,而我的本能则倾向于成长。我一边在脑子里掂量这个问题,一边透过车窗向外看,在恍然若梦的状态之中寻求灵感。我分明又看见那座谷仓,五年前,它的旁边长着向日葵。如今,那些在谷仓的红木映衬下更显得鲜艳夺目的黄色花朵不知去向何方。在越来越衰败不堪的谷仓建筑的一侧,取而代之的是一丛丛长得绿油油的葛藤。这种快速生长的藤蔓已经肆虐美国南部的大部分地方,如今正在毫无节制且毫无益处地向俄亥俄州的南部蔓延。

我的思绪开始漂浮不定,在我的脑海中,葛藤(与向日葵相比,葛藤是一种不祥的成长象征)的影子开始与我父亲的形象相融合。父亲两年前死于肺癌,他的投资两年来都由我母亲管理。忽然,我想起了父母最爱说的话。我又忽然觉得葛藤现在变成了美国人,变成了妈妈和苹果饼。即使是这样,它茂密的枝叶看上去肯定像是一个这样的地方,一个你一不小心就会很容易放错你衬衣的地方。

| Paragon 机床公司应该通过收购 MonitoRobotics |
| 公司来继续其公司成长之梦吗? | ...... |

兰德·阿拉斯科革

肯·法瓦罗

W. 布赖恩·阿瑟

杰伊·杰勒特

兰德·阿拉斯科革

兰德·阿拉斯科革从1979~1998年是ITT公司的首席执行官。他是《ITT之战——一位CEO谈收购》(*ITT Wars: A CEO Speaks Out on Takeovers*)（Henry Holt，1989年）一书的作者。

在故事的末尾，当尼奇·安纳普提克西驱车回家的时候，他变得有些过于悲观。当你碰到一个极好的收购机会（就像MonitoRobotics所代表的机会）的时候，你必须勇敢地向前走，即使它可能会对短期赢利能力造成影响。你不能花太多的时间去担心这类事情（除了该付多少款之类的关键问题之外），特别是当与你竞争的出价人在一边等候着的时候。

你们也许会以为，由于我在ITT的经历（在20世纪60~70年代与哈罗德·格宁合作建立经典的联合大型企业，然后，作为CEO，将ITT分为好几家独立的、公开上市的公司），我对以收购来驱动公司成长持怀疑态度。其实，收购本身并没有错。我们在80~90年代一直在进行收购，以保护ITT的各个业务区块。在90年代中期，人们清楚地看到，如果将公司分成不同的实体,且每一实体有其清晰界定的业务核心的话,公司的成长潜力和股东持有的价值肯定会增加。

对于 Paragon 机床公司来说,它的收购对象似乎就有这样的业务核心,因此,收购可以加强公司在一个有很大成长潜力的市场中的竞争地位。如果你是某种先进设备的销售商,那么你应该也是为之提供维修服务的人。提供维修服务也可以挣很多钱。你要去问一问制造奥蒂斯(Otis)电梯并提供电梯维修服务的联合技术公司(United Technologies),它的两种业务的相对赢利能力如何,你就会了解这一点。就 Paragon 机床公司的情形而言,其服务业务即使目前并不赢利,但仍然展示出最大的赢利性成长潜力(无论这种成长是有机的成长还是通过收购活动实现的成长)。

走什么样的道路来发展服务业务这一问题突出地揭示了尼奇所面临的真正困境:Paragon 机床公司应该向 MonitoRobotics 付多少钱?当有竞争对手也对 MonitoRobotics 感兴趣的时候,公司需要很快地估计出正确的收购价格,并且要在竞价战展开之前做成交易。如果价格变得太高,公司应该愿意从收购中退出,并继续努力从内部建立自己的服务业务。

对决定正确价格的需要给尼奇一个吸引和最终拴住他的能干的 CFO 的机会。不管利特菲尔德有多么优秀,如果他和尼奇不能齐心协力进行团队作业,他对 Paragon 机床公司也会一无用处。通过能力互补与相互制约平衡，他们可以实现团队作业。比方说，尼奇可以是劲头十足的冲锋者，而利特菲尔德可以是谨慎的守卫者。但是，他们两个人之间不能有争执。尼奇必须清楚地说明服务部门将代表企业的未来。如果利特菲尔德仍然坚持己见，尼奇就需要另聘CFO了。

同时，尼奇至少可以通过向利特菲尔德指派确定MonitoRobotics的公正价格这一任务，让他发挥自己的长处，让他感到有事可做。尼奇和董事会可能会因为战略原因最终认定CFO建议的收购价格太低。比方说，他们可能愿意接受收益在一两年内变得微薄这样一个事实。尽管如此，利特菲尔德看问题的保守视角仍然是相当有用的。事实上，他的分析也许会让他们信服，最终公司集中力量开发自己的服务技术从财务上来看更有道理。另一方面，在分析过程中，利特菲尔德也许会发现，收购交易对于公司来说似乎的确是一项正确的举动。

尼奇需要考虑的最后一件事情就是他自己的性格特点。显然，他是一个勇往直前的建设者，要他去重建一个减员了的公司，他既不会感到高兴，也不会取得成功。一个对于Paragon机床公司来说本来是可行的战略（减员以增加赢利能力），如果要让他去执行的话，也会变得不可行。

因此，尼奇在最后突然变得气馁起来的确有些反常。他忘了——也许他根本就不知道在季节到来的时候，葛藤也会开出一簇簇夺目的紫红色的花来。他不应该因为当前的情绪低落而看不见这一收购活动的潜在的美。

肯·法瓦罗

肯·法瓦罗是马拉坎联合公司的首席执行官,那是一家设在纽约的国际战略咨询公司。

对公司并购的多年研究得到的都是同样的结论:有75%的并购活动都没有能够为股东创造价值。当你注意到这一点时,你可能会认为利特菲尔德反对收购MonitoRobotics公司似乎是不无道理的。但是,最近我们公司对那些创造价值最成功的公司的研究发现,这些公司中的许多公司事实上是乐于从事收购活动的。在许多市场上,这些公司中有5%的公司主要是通过收购而实现成长的。既然我们看到的证据如此不同,那么,尼古拉斯将如何决定收购是否是一项理智的行为呢?

他需要做的第一件事情是,不要再将潜在的收购孤立地看待,他应该问自己:"我们还有其他的成长途径吗?"尼古拉斯似乎一心只关注是否成长而非如何成长的问题。例如,当利特菲尔德向他提出异议时,尼古拉斯陷入了一场无益的辩论,而辩论的焦点却落在短期利润与长期成长之间的虚假对立之上。按照我的经验，惟一被迫在短期利润与高速成长之间进行取舍的老牌公司是那些商业模式受到破坏的公司。如果一家公司的商业模式受到破坏，那么管理层应该集中精力恢复正常的商业模式，并使企业能够有利可图，然后才轮得着关心企业的成长。

尼古拉斯不去考虑企业成长的其他道路选择，而使其面临着两项重大的风险。一个风险是，如果收购 MonitoRobotics 公司是所考虑的惟一选项，那么收购失败将会使 Paragon 机床公司处于一个没有成长战略的境地，这就潜在地将尼古拉斯和公司董事会逼到一个死角。由于选择作为而非不作为乃是人类的天性，在这一情况下，有成长战略总胜过没有成长战略。因此，不管收购的代价有多大，交易很可能会被认可。

其次，如果尼古拉斯不去考虑其他选项，他很可能会忽视其他更好的成长途径。服务业务有可能不是企业成长的正确载体。毕竟，正如利特菲尔德所指出的，服务业务一直未能赢利，而机床维修服务市场可能到头来还会让所有的市场参与者无利可图，尽管这些天来笼罩在服务理念头上的是一派祥云。企业经理对于通过不赢利的业务来促进企业成长的计划必须慎之又慎，尤其是当这样做的理由是建立在如尼古拉斯所说的那种担心（即担心"你会错过行动机会"）的基础上的时候。风险资本家曾经使用"三年不获利就走人"的标准来检验他们的投资。一家公司若能考虑参照使用类似的标准，那它将是值得称道的。现在既可能是Paragon机床公司将其押在服务部门的赌注加倍的时候，也可能是它关掉这一业务，另去打一手不同的牌的时候。

除了尼古拉斯不去考虑其他选项会带来的风险之外，我们还需要问更进一步的问题，即收购MonitoRobotics公司是否是一项明智之举。要判断一项收购活动是否会合理地促进价值增长，需要使用三个重要标准：一是新旧业务有良好的配合，二是价格合理，三是对收购过程有良好的管理。在这里，尼古拉斯着手收购时对新旧业务是否配合并没有足够的了解。他对价格一无所知。人们不由地预感对收购过程的管理会出现真正的问题。尼古拉斯已经承认，Paragon机床公司要从制造型企业向技术型企业转型，它需要在文化和企业能力两方面有一个大的改观。没有他的团队成员的支持，没有团队成员就如何最好地促进企业成长形成完全一致的看法，即使业务配合良好，收购价格也合算，Paragon机床公司的管理层仍然很不可能有效地实施对MonitoRobotics公司的收购行动。

要问我对尼古拉斯的建议吗？我建议他先停一停，作一下深呼吸，然后再花三个月时间让他的高层管理团队——最终让董事会就收购MonitoRobotics公司是否是促进公司成长的最好选项形成一致意见。如果回答是肯定的，管理团队就业务配合与价格水平也就达成了共识,更有可能很好地管理收购活动。另一方面,如果回答是否定的,那么 Paragon 机床公司也就自然躲过了一颗大子弹。

W.布赖恩·阿瑟

W.布赖恩·阿瑟是位于新墨西哥州的桑塔菲研究院的花旗银行(Citibank)教授。1983～1996年,他在加利福尼亚州的斯坦福大学担任莫里森(Morrison)经济学和人口学教授。他是"报酬递增和新的商业世界"(*Increasing Returns and the New World of Business*)一文(《哈佛商业评论》,1996年7～8月)的作者。

收购尝试是一件明摆着的事情。如果公司不继续发展,不继续更新自己,它会很容易失去前进的动力,并最终失去其竞争优势。MonitoRobotics公司似乎能够向Paragon机床公司提供良好的发展前景,尤其是,如果其技术可以得到改进,能够用在其他种类的机器(不仅仅是Paragon机床公司及其竞争对手的机器)上的话。

不过,我也想说几句提醒的话。首先,这个案例要讨论的似乎并不是企业成长,而是企业再定位。收购活动将允许Paragon机床公司建立一个新的技术基础,进入新的市场,这并不是简单地在其现有生产能力和业务范围的基础上成长。如果你要像这样地对自己进行重新定位，以便为公司的未来收益创造新的平台，那么，你不可避免地必须接受一些当前的损失。利特菲尔德对有赢利的成长的看法表明他并没有理解到这一点。

事实上，这位CFO的观点突出了这样一个事实：尼奇所面临的不仅是一个商业问题，而且是一个政治问题。如果拟议中的收购代表了对公司的正确再定位，他需要在高级管理人员、董事会和股东之间达成共识。当然，他也许没有办法说服他的同僚中的每一位。如果利特菲尔德坚持反对这一收购，他很可能会在以后的时间制造麻烦。如果是这样的话，CEO就应该催他走人。

我还想就Paragon机床公司进入它所谓的服务领域说几句。在这种情况下，服务事实上意味着提供维修——一种相当常规的故障排除和设备维护业务。但是，目前许多先进的机器已经越来越多地采用安全型机构设计，许多维修能力将因此变得多余。Paragon机床公司要在其主要的制造业业务领域获得市场份额，它就必须制造那种越来越表现出无故障特征的机床，有这样高的可靠性的机床最终可能使其新生的服务之手无所事事。这很有一点讽刺意味。

尽管存在这样的冲突，MonitoRobotics公司的确为Paragon机床公司创造了长期性的机会。这些机会当然包括提供更为先进的检测和修理方式在内。MonitoRobotics 公司的当前技术只会加速 Paragon 机床公司现有的维修过程。再不用一线工人向领班报告发生的问题,然后又由领班叫来维修工,仅凭公司的传感器就可以探测出问题的所在,然后,传感器向设备制造商发出通知,制造商再派维修人员解决问题。

不过,这一技术也仅仅是走向制造自我检测机器的第一步:自我检测机器的自动跟踪和检测发生在允许范围内的偏差和变化,然后在继续运行的同时自动解决那些发生的问题。这种自动修正作业要求与制造商建立数字联系,制造商然后可以通过电话线路或卫星线路向机器自动发回调节指令。

这听上去像是发生在未来世界的事情。但是,这将是 MonitoRobotics 公司即将进入的业务活动领域的自然情形。这样的情形适用于所有的机器,不仅仅是 Paragon 机床公司及其竞争对手的机器。因此,收购计划极有可能促进公司未来的扩张。

与从前相比,新的联合公司将更加具有高技术的特征。但是,它的技术会允许它通过网络效应和创造新的标准来支配市场吗?我不认为会这样。即使 Paragon 机床公司的技术广为传播,它也不会成为一种令其他机器不得不说的"语言"。但是,收购举动将为公司建立一个新的技术基础——一种 Paragon 机床公司赖以向前发展的能力。

杰伊·杰勒特

杰伊·杰勒特是健康网的 CEO。健康网是全美最大的公开交易的保健公司之一,总部设在加利福尼亚州的伍德兰德山(Woodland Hills)。

这一个案例显然为以错误的方式评估一项交易提供了一个样板,尤其是以今天的环境而论。事实上,Paragon 机床公司正在采取一种相当于 90 年代特征的做法。我在这里最有资格说这样的话:我们公司在过去的两年半以来一直在进行战略转变,作为战略转变的一部分,我们正从好几个业务中退出,而这些业务是过去十年我们在快速成长时收购下来的。

我们首先从 Paragon 机床公司并没有准备好一个精心设计的成长方案这样一个事实开始分析。你可能因为你自己的前景不甚乐观而去做一笔买卖,而且你可能在这样想,一桩有很大风险的收购是为了避免未来更大的风险,这与一个醉汉请求另一个醉汉来搀扶他的经典案例没有二致。你也可能因为你处在一个很强势的位置上而做一笔买卖,这样的收购将允许你通过健康的产品和分销基础设施向市场提供更多的东西。此外,你之所以要去做一笔买卖,甚至可能是因为你断定:如果某个另外的人在买卖中击败了你,后果可能是灾难性的。

不管怎么着,要从事一桩收购,你需要有一个明确的理由。Paragon 机床公司总是要从每一件前面发生的事情中去寻找一些理由,这样的做法不免有些迂回。事实上,公司就收购 MonitoRobotics 公司所表现的兴趣主要是反应性的:它发生在两家公司正在讨论某个可能的合资项目的时候。在尚未听到恶意收购的谣传之前,公司根本就不曾考虑过收购行动。毋庸置疑,有时你可能需要做某件事情以便与某个竞争对手的举动相抗衡,但是,如果那是你决定要收购的惟一理由的话,你注定要输得精光。管理团队之中业已存在的裂痕表明,Paragon 机床公司对其成长道路缺乏清晰的定义。CEO 和 CFO 就企业发展方向所表现出的不同意见,应该早在公司考虑从事特定的交易之前就已经有过正面交锋。

潜在的收购也在其他几个方面亮出了的红牌。这样的收购几乎完全称得上我所说的"战略性交易",即要实现收购活动的利润增长必须等到遥远的未来,或者,这样的利润增长根本就无法量化。你会强烈地感受到,收购活动会使 Paragon 机床公司的财政状况严重吃紧,而且要使收购活动成为可行,需要把很多事情梳理正常。话又说回来,如果它属于公司总体成长计划的一部分的话，这样的收购完全可以被认为是合理的。但是，这还是会给人一种随意合并的感觉，90年代的许多收购活动都具有这样的特点。

更让人担心的是，收购被宣布为可以促成公司转型的活动，给定这样的转型要求在文化上的立即变化，这就是一个很有风险的主张。管理团队对于如何管理这种变化和整合MonitoRobotics公司的其他方面似乎毫无头绪。就MonitoRobotics公司而言，作为一家服务企业，它所拥有的主要资产是它的人力资源。当以防御式的姿态去从事这样的转型性收购，以作为对竞争对手举动的反应的时候，收购会变得加倍的危险。

公司还需要考虑股东和分析家们对收购会作出怎样的反应。五年前，他们对这样的收购也许会表现出极大的热情。但是，在今天，他们并不一定会欢迎这样的收购。从一方面来看，人们不再对把收入纯粹看作利润的开路先锋的想法有那样高的认同。对一家公司领会不到并购对管理挑战的恐惧已经取代了对公司不能足够快地成长的担心。人们也要求在收购与其直接的好处之间有更多的看得见摸得着的联系。诸如"这将把我们转变为一家技术型公司"之类的概念性的行动将备受怀疑。在后安隆（post-Anron）时代，在评估这类交易时与一个受人尊敬的、行事稳健的CFO意见相左的话，你就得给自己敲敲警钟了。

四年前，这样的收购对于Paragon机床公司来说也许会是一件极其荣耀的事情。时光若能倒流到那个时候,许多公司都会做这样的买卖。但是,时代不同了,意识到这类收购的潜在危害会使我们的管理团队和董事会在考虑收购时更加谨慎。Paragon 机床公司应该带着同样苛刻的眼光去考虑问题。

案例五

混合推销还是混淆目标

福特·哈丁

案例提要

　　软件制造商 TopTek 公司收购了从事咨询和系统集成的罗斯伯格·李公司（Rossberg Lee），意在通过软件销售获得更多的利润，因为软件销售业务是咨询业务的一项天然副产品。然而，从很多方面来看，这两家公司分开运作表现会更好。在公司收购之前，咨询公司的销售业务是由向客户提供服务的同一班人马完成的。与之不同的是，TopTek 公司的销售是由公司的职业推销员完成的。所有的推销员在推销产品方面极具才干。目前，咨询人员和推销员正尝试进行合作，但是合作却进行得并不好。

　　比方说，TopTek 公司的一家客户（一家零售商）的 CIO 在抱怨，被收购公司的咨询人员正在没命地追他。他们尽对着他老板的耳朵吹风，推销这样那样的额外项目，试图以一家零售商无法承受的变化节奏刺激需求。

　　在新成立的 TopTek 公司中的咨询人员也并不满意。他们销售了产品却得不到佣金，因为佣金都由那些推销员们拿走了。推销员们最先取得，而且永远地取得向一个客户账户销售所发生的佣金。

　　销售队伍也有他们自己的怨言。据公司主

案例提要

管销售和营销的副总裁罗恩·墨菲（Ron Murphy）说，咨询人员在赢得新的业务方面并不会有太大的帮助，"大多数咨询人员连怎么在裸体营销售遮阳罩也不会"。

　　混合推销要在 TopTek 公司取得成功，那需要做些什么呢？就这一虚构案例发表评论的是兰姆·查兰（Ram Charan），多家公司 CEO 的顾问和经管图书作家；卡罗琳·A. 科瓦克（Caroline A. Kovac），IBM 保健和生命科学公司的总经理；杰罗姆·A. 科勒蒂（Jerome A. Colletti），经管图书作家和咨询专家；菲德里哥·图勒嘉诺（Federoco Turegano），SG 投资银行公司（SG Coporate and Investment Banking）的总经理。

"周末过得怎样?"约翰问。

"很不错。我们到湖边去玩了。"

"嘿,对了,你们在那儿有个住所。你们买它都有多久了?"

这是约翰试图拐弯抹角地达到他心中目标的标准方式。安娜决定单刀直入地切入正题。"差不多三年了。你问这干什么,约翰?"

安娜·塔克(Anna Tucker)的正式职务是TopTek——一家面向中型企业市场的软件公司的主管人力资源的副总裁。但是,她花在人力资源管理方面的时间却占不到她工作时间的一半。其余的时间(那些很有意思的部分),她是作为CEO约翰·凡特(John Vaunt)的解决问题的专家而度过的。他会给她各种各样的问题,这些问题可能无法被清楚地归于任何一类,但是他又不想这些问题把事情弄得一团糟。

"星期六,我们与里克·古达尔斯基斯(Ric Gudalskis)及其夫人一起吃了晚餐,"约翰开始说,"你认识里克吗?他是DigiDeal Stores的CIO。那可是一家很好的客户。他说他认为应该让我知道一些事情:自公司完成收购以来,我们一直都在没命地追他。我们的人在那儿试图推销这样那样的额外项目。里克觉得我们把那儿搅得乱七八糟，试图以一个公司无法承受的变化节奏刺激需求，我们这样做不要紧，却占用了管理层太多的时间。星期天我和彼得·李（Peter Lee）通了电话，问他这方面的事情，他给我说了很多。我不想越过你去处理这码事，但我认为我们的销售薪酬架构有可能崩溃。"

"这可能只是问题的一部分，"安娜小心地加了一句。

"不管它是怎么回事，你去看一看怎么样？产品销售业绩平平，可是我们需要销售更多的产品，那可是我们的增长点所在。不过，在这个过程中，我们可不能糊弄我们的客户。"

佣 金 之 过

九个月前，TopTek 公司收购了从事系统集成和咨询的罗斯伯格·李公司，该公司从前一直是 TopTek 公司的战略联盟伙伴。两家公司都指望从这一结盟之中得到好处。TopTek 公司希望迅速实现更多的软件销售，而软件销售业务则是罗斯伯格·李公司咨询业务的一项天然副产品。彼得·李是罗斯伯格·李公司原来的老板，现在他是 TopTek 公司解决方案部的高级副总裁。看到 TopTek 公司广泛涉足于更多的公司，他感到非常兴奋。这家新合并的企业已经花了很多时间开发各种"解决方案"——各种标准的捆绑产品和服务以占领市场。公司还可以提供更多定制的、价钱更高的产品与服务。

但是,在很多方面,这两家组织作为伙伴与作为同一家公司的不同部分相比,前者的业绩要好一点。安娜知道,约翰·凡特对咨询业务人员的担心只不过是组织摩擦表面化的最新迹象。因此,当她那天晚些时候见到彼得时,她亲耳听他讲了很多东西,对此,她一点也不感到吃惊。

彼得一边和安娜说话,一边在办公室的地板上踱来踱去。显然,他被约翰的怀疑激怒了。"古达尔斯基斯真正担心的并不是打给他手下的那些电话,"他辩解说,"他并不喜欢我与他的老板打高尔夫球这一事实。当咨询人员比他们有更好的机会接近他的老板时,CIO并不感到高兴。"安娜禁不住朝彼得的办公室的一角瞥了一眼,那里的一个展示柜装着好几个纹饰精美的高尔夫奖杯。"约翰应该承认,是我与古达尔斯基斯的老板的关系才使我们得到了上个月那件新活儿。我是在说他们签下的人力资源软件包。客户账户经理与这一软件项目毫无关系,当然啦,这并不会妨碍他坐收佣金。"

"那么,我们就不需要一支销售队伍了?"安娜问。她知道这话可能会略微刺痛彼得。

> "坦白地讲,推销员只知道如何推销产品。销售一个被设计来满足客户需求的解决方案,需要你拥有咨询人员的视角。"

"销售队伍对于我们赢得新的客户账户是有功劳的。但是,一旦一家公司签下基本的财务软件包合同,销售队伍就再也提供不了更多的技术知识,他们也不会与客户继续保持能够带来更多业务的日常接触。爱德·福赛斯(Ed Forsythe)在公开展出基本软件包的最后一个月实际上一直扎在 DigiDeal 公司,"彼得说。他指的是负责业务联系的主要咨询人员。"我本人在那里也待过很多时间。那就是你如何得到你所需要的东西的,那就是你的咨询人员如何真正了解客户业务的。坦白地讲,推销员只知道如何推销产品。销售一个被设计来满足客户需求的解决方案,需要你拥有咨询人员的视角。"

"行了,"安娜叹了口气说,"但是,我们不能就这样闹下去不管。否则,我们一起联手到底是为了什么呢?"她又吸了一口气,然后接着往下说。"彼得,你应该说说你对佣金的看法。我们的激励计划是不是有什么不对劲的地方?"

"嗯,想想看吧,"彼得沉着脸说道,"当前的薪酬架构只奖励销售队伍,他们会因为我们向客户出售的所有的活儿而永远得到奖励,不管他们是否对销售作出了贡献。我们的人——解决方案部的咨询人员,必须一直不断地销售才能保持账户有进账。但是,佣金却到了赢得客户账户的推销员的手中,即使那是多年前赢得的客户账户。这样的薪酬架构有任何意义吗?"

"尽管如此,推销员的贡献也是重要的,"安娜说。

"有时候,他们当然很重要。但是,这样的薪酬架构有很大的缺陷。"彼得朝门口瞅了瞅,因为他的助手正提到一个人的名字,并用她的拇指和小手指示意有一个电话。他说了声"对不起",然后大步朝办公桌走过去。"那是一家客户打来的电话,我必须去接。但是,我要告诉你,你应该与谁去谈谈:莉莉亚·蔡斯(Lelia Chase)。她是一个做解决方案的人,她直接与客户打交道——这正是古达尔斯基斯所抱怨的。"

疏 忽 之 过

莉莉亚负责咨询业务,她要为 TopTek 的主要产品组合提供一揽子配套服务。能有机会与她谈话,安娜感到很高兴。莉莉亚做事很专业,头脑也很冷静,她能客观地表达她的看法。不过,为客户的管理职能部门提供软件集成服务和其他服务只占公司收入的一小部分,因为为这类服务签约的客户并不多。

两个人安排好在公司的餐厅见面。自公司合并之后,餐厅的设施已经升级,现在已经能够提供一些可口的美食,很值得你坐下来尝一尝。莉莉亚要了一份她喜欢的恺撒沙拉。"那么,你是奉命来调查业务是如何销售出去的,以及奖励是如何给出来的。真是悲哀!"她说到,"你是一个喜欢做所有这类特别挑选出来的工作的人,不是吗?"莉莉亚用这种方式表达了她对安娜担任解决问题专家这一角色的认可。安娜觉得有些过奖了。

"为什么你会认为是彼得要我来与你谈话的呢?"安娜问。

"因为,如果我要等候推销员来为我们销售产品,我们这一拨人都会要饿死的。"

安娜此刻正咬着一块食物,因此,只能看到她脸上露出惊讶的表情。莉莉亚接着说:"提供服务的价格只是任何其他一揽子作业价格的四分之一。我们的项目都不起眼。但是,为我们推销业务和推销任何其他一揽子业务相比,客户账户代表要花同样的时间。他必须与客户设备部门的人建立关系,但他没有别的理由要去认识这些人。他当然更愿意去推销那些油水更大的财务、人力资源或销售软件包啦。"

"所以你们必须自己进行推销。"

"是这样。我并不是责怪他们对此不感兴趣。但是,我不能一直这样等下去。如果我不能让我在过去五年来建立起来的团队有活可干,我就抓不住我的人员。如果我们不能达到我们的工作目标,我们中没有人会去拿奖金。因此,我就要做推销。"

"我觉得你最好不要这样做。"

莉莉亚耸了耸肩。"我不管。此外,我有一些客户账户代表所没有的优势。我每天都与设备人员打交道,我了解他们的问题。我属于他们那个圈子中的人。客户账户代表并不真正了解我们所做的事情。在罗斯伯格·李公司里面有好几个小单位,对不起,我指的是在解决方案部,他们都碰到同样的问题。我曾经问过,公司对我们的业务范围是否真正感兴趣,给我的回答是肯定的,公司要向市场提供各种各样有竞争力的产品和服务,公司需要我们。"

安娜又提起了佣金的问题。她问到,如果将客户账户代表手头所做的莉莉亚也在销售着的业务削减一部分,她会觉得怎么样。

好一阵子两个人都没有出声。"我不明白,"莉莉亚说,"不过,我认为高层管理者们有他们自己的理由。"

安娜认为,她不想疏远客户账户代表,但是对她来说,这一套运作系统似乎有些发疯。

莉莉亚继续说:"在这个市场上,设备软件在客户之中并不怎么受欢迎。但是，当公司正处于成长阶段的时候，它们会表现出很大的兴趣。我们必须不断地忙乎，以等待市场出现转机，客户的兴趣再度热起来。到那时，我怀疑推销员们会不会客气地对待我们。

"有趣的是，在合并之前，我走出去推销我的业务总被人看作是一个英雄。可是，现在我这样做却让人感到不安。"

销 售 王 子

安娜需要听一听销售部门的观点。她拜访了公司主管销售和营销的副总裁罗恩·墨菲，他满面红光，他的脸几乎与他红色的领带一样红。

"想想看，像我这样年纪的人该学习多少东西，"他笑着说，"这个周末如此之美，我们的一个客户邀请我们出去乘游艇兜风。我本来应该戴一顶帽子去的。"他又笑了一下说："这些关于改变销售部门薪酬模式的意见都是些什么啊？"

安娜知道，罗恩并不像他所看上去的轻松愉快的表面那样简单。TopTek 公司能取得今日的成功，在很大程度上都要归功于他不屈不挠的努力。她把她所了解的关于 DigiDeal 公司业务的事向他说了一遍。

"我认识彼得都有十年了，我一直是他最大的支持者,"罗恩说,"他是我所认识的最聪明的人之一,而且,正如你所知道的,是我促成了对他的公司的收购。但是,他对销售部门并不很了解。"

"以彼得的记录而论,我认为他是一位相当好的推销员,"安娜说。

"当然是,他是最好的推销员之一。正是因为彼得以及其他的两三个人我们才买下罗斯伯格·李公司。我是说,他不太懂得如何管理一支销售队伍。对于彼得所指的业务,解决方案部的销售只占这类业务的20%。如果我们要实现目标数字的话,我们需要更强势的推销员,而且,只有充分地奖励才能激发他们的工作热情。解决方案部提供不了这样的产品。除了彼得和其他几个人之外,他们中的大多数人都觉得推销这一行当不那么职业化。他们并不想去弄脏他们的手。

"阿尔伯特·华盛顿(Albert Washington)苦干了三年才让我们打入DigiDeal公司。他们所购买的基本财务软件包比通常的要小。因此,如果阿尔(Al)仅仅是因为那个软件包而得到奖励,那么,他拿不出很多的东西来说明他的扎实工作,对不对?而现在,他的账户正为TopTek公司带来大把的收入。如果不是因为阿尔的话,彼得和他的咨询人员们甚至不知道DigiDeal公司的存在。我对彼得·李和爱德·福赛斯在那儿所做的工作提不出什么问题,但是,你在实施上一月的人力资源计划时不得把阿尔排斥在佣金方案之外。如果他所得到的一切只不过是为最初的软件包而付给他的佣金,那么,他不会再在公司待下去的。"

安娜至少可以回想起另外两个情形,那时也有人威胁说,销售王子阿尔伯特会走人。"是这样,"她说,"但是,如果他确实没有对销售作什么贡献的话。"

"你应该了解销售工作是如何进行的。有时候,你忙得要命,什么事都没有做错,但是,你还是赢不了。有时候,你却得来全不费工夫,净赚不赔。阿尔把时间都花在了需要他的地方。他认为在 DigiDeal 公司的事情已经正常了,所以他把更多的时间都投入到 Southland Baking 公司。顺便提一句,这家公司本月正准备签一笔人力资源业务和计划实施方案业务。你是要因为他做了该做的事情而去惩罚他吗?爱德·福赛斯也是该客户账户的项目主管。你认为他干得很卖力吗?他为 DigiDeal 公司的业务就已经够忙的了,没有精力去管 Southland 公司的事情。但是,阿尔知道,你必须一直待在客户的面前。"

"彼得说爱德实际上在 DigiDeal 公司住了一个月,帮助他们做软件的最终调试。"

"你看看吧,咨询人员们在软件应用方面也得到了他们应该得到的报酬,而且报酬不菲。在 Southland 公司销售扩展业务方面,他们做得并不多,但是,他们仍然因为他们在那里所做的工作得到了回报。他们想两面得好处。"

"在DigiDeal公司的首次销售中,产品占多少,服务占多少?"安娜问。

"我看得出你一直在和彼得聊这件事。他总是指责我们的人,说他们是'推销产品而非制定解决方案',再没有比这更损人的话了,对不对?但是,他说的话也有道理。如果你想做某件真正有帮助的事情,那么,你就得去想办法培训客户账户代表,培训他们销售解决方案。你如果要坚持己见的话,那么,你尽管培训彼得的咨询人员去吧,他们销售什么都行。至少我的人员可以销售产品。大多数咨询人员连怎么在裸体营销售遮阳罩也不会。"

安娜禁不住笑了。她必须承认,想起罗斯伯格·李在那种情形下的一些更为内向的神经过敏表现真是很有趣。

寻找可行的办法

那个周末,在湖边小屋,安娜发现自己的思绪在围绕着她与那几个人的谈话不停地打转。星期六傍晚,在沿着湖滨漫步的时候,她丈夫注意到她陷入了深思之中。"出什么问题了?"他问道。

她试图向他解释,但是,她常常发现她的商业生活让人迷惑不解。"也许是合并并不怎么管用,"他试着说。

也许是不管用。在夜幕降临下,看着萤火虫飞来飞去,她也开始这样想了。但是,不应该是那样啊。事情背后的逻辑在帮助她思考。销售部门和咨询部门各有各的让企业解囊的独特方法。如果它们互相帮助,公司得到的收入份额比它们各自为战时公司所能够希望得到的要大得多。特里杰斯蒂斯医药公司(Trigestis Pharmaceuticals)账户的业务似乎就是这样处理的,这是TopTek公司经常向金融分析师们炫耀的成功故事。也许她能够在那儿找到答案。

一个高效的配对

星期天下午,她见到了特里西亚·波琳(Tricia Bolling)——解决方案部的一个项目合作人,和查理·胡佛(Charlie Hoaver)——向特里杰斯蒂斯医药公司账户指定的高级主管。安娜向他们解释了她的来意。"你们两位负责的特里杰斯蒂斯医药公司账户做得棒极了。我想了解奖励推销员的薪酬体系对你们是否有利?"

"我还是不要去想这个问题吧,"特里西亚开玩笑地说,"如果我要说出对这个问题想法的话,这可能会对我们的团队不利。"

安娜笑道:"你也这样看吗,查理?"

"啊,我从未看到一个完美运作的推销员薪酬体系。这个体系还行,我是这样看的。"

"那么,我们怎样才能创造更多的成功呢,就像在特里杰斯蒂斯医药公司所做到的那样?"

"招聘更多像查理这样的账户高级主管,"特里西亚说。

"你能展开一点来谈这个问题吗?"

"是啊,我也想更多地听一听你的高见,"查理说。

"我信得过他,"特里西亚说,"公司刚刚合并之后,我找了一位账户代表——当然我不会说出他的名字,去见我过去的一家客户的总裁。我们在那里向他们解释这两家公司为什么要合并,并向他一再保证,这只会增进我们与他的公司之间的关系。客户很谦和,会谈进展得很愉快,一直到他间接提到某一项需要。账户代表马上扑向这一机会,说我们有多么愿意为他效劳。他甚至取出了一个小册子。这种做法很不合适,我的客户看了我一眼,这一眼我至今都还记得。他不同意和销售代表见面,两分钟之后我们从那里出来了。我后来打电话向他道歉。

"查理绝对不会犯那样的错误。他知道如何倾听客户的意见,以及什么时候来找我和我的顾问们,什么时候请求我们给他支持。同时,他一直待在市场中,而我则没有时间往市场里跑。结果,我们向特里杰斯蒂斯医药公司售出的服务和产品比向任何其他同样规模的账户售出得都要多。看看我们在我们所瞄准的其他公司如何做同样的事情吧。"

"继续说,我就爱听你说这些,"查理说,"说实话,我也可以用同样的话来说特里西亚。我也信得过她。如果我花了六个月时间好不容易让一家客户同意见面,我可以相信她不会因为一个当前客户要求给他同样的时间而突然取消见面。当我把她介绍给某家客户的时候,她不会继续摆弄那些最新的技术玩意儿不放手,直到他们的目光都变得暗淡下来。恰恰相反,她会去倾听他们的问题。她不会让球脱手的。"

真令人耳目一新,安娜离开他们的时候想。那么,我们如何复制他们的做法呢?

大整顿还是干着急

"对了,安娜,你发现了些什么没有?"约翰问。

"我们对好几个方面很感兴趣,"她回答说,"我们的销售队伍覆盖了非常广的市场范围,而我们的咨询人员具有厚实的知识和深层的工作关系。这两者都是我们所需要的,但是,我们目前还没有办法把这两者分开。"

"薪酬机制应该可以清楚地排定不同人的优先次序,"约翰说。

"是的,但是,我们也还会有其他的问题。在很多方面,TopTek 公司和罗斯伯格·李公司的原班人马更适合他们原来的组织,而不是现在的销售解决方案的组织。我们需要开始为一些新的工作岗位招募人才了。"

"我懂了,但是,即使我想这样做,我也不能在明年把大部分员工都打发走,这样的话,产生的新问题可能比我解决的问题还要多。在这之前,我还需要有进一步的分析结果。"

> 混合推销要在 TopTek 公司取得成功，那需要做些什么呢？

兰姆·查兰

卡罗琳·A.科瓦克

杰罗姆·A.科勒蒂

菲德里哥·图勒嘉诺

兰姆·查兰

兰姆·查兰是 CEO 顾问、公司治理专家和数本经管图书的作者和共同作者。他的书包括《人人都关心在利润中成长——你可以在星期一早上使用的十门工具》(*Profitable Growth is Everyone's Business: 10 Tools You Can Use Monday Morning*)(Crown Business, 2004 年)和《执行》(*Execution*)(Crown Business, 2004 年)。他写作的《直面现实》(*Confronting Reality*) 即将由 Crown Business 出版。

对我来说,这一案例特别有意思的地方在于 CEO 眼中的盲点。显然,他是一位极好的成长战略家。收购咨询伙伴罗斯伯格·李公司表明他很有眼光,随后,公司立即将努力集中于为客户制定各种成熟的解决方案的做法也很正确。不过,眼下约翰·凡特正落入一个栽倒过很多 CEO 的陷阱,当这些 CEO 表现出太多的甩手掌柜脾气——指望着薪酬系统去把一切事情办好的时候,就很容易落入这类陷阱。

视工作绩效付酬总是非常重要的,而要在销售组织中做好这件事情也是非常不容易的。但是,在我看到过的一些其混合销售努力遭遇失败的公司中,该受责备的并不是缺乏合适的激励机制。恰恰相反,往往是因为其他的三个挑战才导致了问题。

第一个挑战是,要创造一个有紧密内在联系的产品与服务要约是十分困难的。只有当客户明显地感到,与分开来购买一个部分的产品或服务相比,购买捆绑产品和服务能够得到更多价值的时候,客户才会愿意购买捆绑产品和服务。但是,许多零售商则以一种与此完全相反的方法来处理问题,他们将产品任意地组合在一起,而这样的组合只会给零售商而非客户带来方便。使用"混合推销"(cross selling)这一术语并不能提供多大帮助。事实上,在任何希望从当前客户取得更多业务的公司,应该禁止使用这一术语。

第二个挑战是,要定义一个独特的客户群,通过从客户角度进行作业倒推来设计一个解决方案。要了解客户如何经历这些事情,要使用客户的语言,要将客户考虑问题的优先次序纳入到解决方案之中。这是一个与市场细分和从外部考察公司产品与服务要约有关的练习。TopTek 公司并没有作过这样的练习。

最后一个挑战是培训。新的、更为复杂的产品与服务要约要求公司作这样的培训。公司应该对所有销售团队中的所有推销员就新的技能进行培训,以使得推销员能够理解客户的现场决策过程,识别关键决策者,并用客户自己的语言与这些关键人物沟通。

　　课堂培训也许不会很有效果。因为推销解决方案涉及五花八门的技能组合,能够讲授这类课程的培训者不会有很多。如果 TopTek 公司采取一种学徒制的模式,让受训者向已经是专家的那些人学习,培训效果可能会更好。当然,那些顶级推销员的时间非常宝贵,因此,所采用的培训模式应该能够最有效地利用时间。比方说,可以请求查理和特里西亚以电子学习或电话会议的方式培训推销员。每天培训一小时,或者每周培训一次,肯定会产生一些效果。有一个问题是,罗恩·墨菲——TopTek 公司主管销售和营销的副总裁,是否具备足够的技能去担任培训者中的一员。如果他不具备这样的技能,那么,他就很难识别、雇佣和留住其他人。一般来说,一个好的培训过程的必然结果是,高级管理人员能够知道谁能够、谁不能够销售新型的产品或服务。

　　如果 CEO 约翰·凡特能够听得进去的话,我会建议他停止使用安娜·塔克作为解决问题的专家,并亲自关注我所指出的三项挑战。如果他希望建立长期竞争优势的话,这些问题值得他去关心。混合推销通常能够带来更高的利润边际,每单位销售额使用的资本也更少,并且能够促成更长久、更深厚的客户关系。这样的改善能够提高公司的市盈率,但这仅仅只是开始。我们且考察一下 GE 航空发动机公司,该公司在十多年前就已经开始采用问题解决方案来辅助管理，它将发动机、服务、零件甚至融资业务结合在一起。该公司的经验表明，如果在一个有良好设计的解决方案的环境下（对于 GE 的情形来说，它用单位美元投资的最优价值来考察）将产品打包，你会有很大的机会销售下一代产品（比方说，在今年四月份，GE 就成为赢得波音 7E7 Dreamliner 飞机发动机合同的两家公司中的一家）。考虑到客户终身价值可能有多么巨大，更高的客户保有率将成为一个真正的竞争优势。

卡罗琳·A. 科瓦克

卡罗琳·A. 科瓦克是位于纽约索莫斯（Somers）的 IBM 保健和生命科学公司的总经理。她为 IBM 保健和生命科学公司在世界范围的战略方向和日常运作负责。

向有复杂等级体系的大公司推销要求付出很多努力去建立关系，包括正式的和非正式的关系。一家零售商需要花很多时间才能了解客户的业务，尤其需要花很多时间去整合其新的要约，以便向客户提供最高的价值。从事这类关系建立活动的供应商是零售商世界的农民，他们必须对他们的客户账户悉心照料，去浇水，去施肥，然后才能指望打开局面。以小型的、高速成长的公司为目标的零售商又称得上是猎人，他们总是在马不停蹄地追逐新的业务。他们的客户在买与不买之间会很快地作出决定，而猎人们也会很快地跟着他们的客户转。咨询人员们可以类比为农民，而推销员则更像是猎人。

然而，商业景观正在开始变化。大多数的客户不再为技术而技术。CEO 希望零售商们帮助他们解决复杂的业务问题,这种情形给 TopTek 公司带来了挑战。公司的咨询人员抱怨推销员对客户的需要缺乏了解,而且主要只对推销产品感兴趣。而推销员则认为咨询人员甚至连有效地推销他们自己的服务也不会,而且对产品根本就不在乎。

这两方面的人员都没有看到的一点就是,TopTek 公司既不再是一家咨询公司,也不再是一家产品公司。它已经紧紧围绕解决方案的理念重新创造了自己。它的 CEO 需要说明 TopTek 公司新的价值观念,这一价值观念包括两个部分:我们比任何其他人都能够更好地理解客户的问题,我们带来的产品和服务能够有效地解决这些问题。这一新的现实将要求人们的角色和责任有所改变,其角色和责任应该与他们在 TopTek 公司收购罗斯伯格·李公司之前的角色和责任有所不同。

公司的咨询人员应该扩展他们的知识面,他们的知识应不再局限于提供传统服务,如提供与变化管理或企业过程与战略相关的指导。以解决方案为中心,他们必须不仅能够建议客户使用什么,而且能够建议客户如何去使用。这样做,将要求咨询人员对 TopTek 公司的各种产品和技术的理解超出他们现有的理解程度。

同样,推销员也必须采纳为制定解决方案所需要的方法,这就意味着要学习更多的与客户业务及其产业相关的知识。推销员也应该与咨询人员密切合作，这样，他们可以通过整合产品和服务提供更高的价值。更进一步来看，TopTek公司的薪酬计划应该更多地奖励解决方案的提交而非奖励销售。

如查理那样好的推销员知道公司要约的覆盖范围的广度，而像特里西亚那样的咨询人员知道客户的业务是如何进展的。如果这两组人员能够一起合作，并学得一些彼此的技能，他们的客户将会更高兴，最终也会更多地购买他们的产品和服务。

在IBM，我们既为一些大的客户账户配备账户管理团队，也指定一个咨询小组负责处理业务关系。在某一点，我们会说："我们要把你们放在一块。你们的工作是为客户做正确的事情，解决他们的大问题，同时要为我们找到机会。你们中的每一个人都会贡献不同的力量，但是，这一个项目，你们必须一起来做。"

这种对客户需要的全心全意的关注远远胜过混合推销，这一术语常常被解释为这样的意思："如果某个客户喜欢这一个，也许他会喜欢那一个。"一两年前，Celera Genomics公司选择IBM作为它的技术提供者。该公司选择我们的一个理由是，我们愿意花投资去了解该公司的业务需要，这类需要远远超出产品需要之外。给他们留下深刻印象的是我们整合系统（包括不属于我们自己的产品的储存产品）的能力。客户为我们指明方向。依我们的经验来看，深厚的产业知识与产品知识的结合会令公司无敌于天下。它可以令TopTek公司挥洒自如,帮助公司解决客户面临的最难解决的业务问题。

杰罗姆·A. 科勒蒂

杰罗姆·A. 科勒蒂是 Colletti-Fiss 公司的高级合伙人，那是一家设在亚利桑那州斯科特斯代尔的专业化于销售有效性的管理咨询公司。他是《新一类推销员的薪酬设计》(*Compensating New Sales Roles*)一书(Amacom Books,2001年,第二版)的共同作者。

毫无疑问,约翰·凡特在这一点上是对的：TopTek 公司必须变革其奖励客户账户代表与解决方案部的兼做销售的咨询人员的方式。他应该对安娜的建议予以特别的关注,并开始着手处理更为紧迫的问题。首先,彼得·李和罗恩·墨菲必须就其组织中所有的工作角色与绩效预期达成共识。

约翰要走的第一步是召集一个有安娜、彼得和罗恩参加的会议。会议议程的第一项就是由安娜说明她从约翰的项目中得到的发现。但是,一个更大的目的是,要由此发起一个将 TopTek 公司和罗斯伯格·李公司的原班人马整合成一个有效的、面向客户的团队的过程。

TopTek 公司通过销售总体解决方案以追求成长的战略要求采取一条与两家公司先前的销售方式根本不同的道路。约翰应该责成彼得和罗恩弄清楚：对于新的 TopTek 公司来说，什么是正确的销售和客户关系管理过程。这一过程应该明确地规定如何取得新的业务，以及如何保持和扩展当前业务。它应该明确地处理以下的问题：谁对赢得新客户账户负责？谁对向当前账户销售新增业务负责？再进一步的问题是，TopTek 公司对"小"产品（如面向设备管理的产品和服务）的销售采取什么样的方法？我们应该坚持当前的做法以允许业务领导销售他们的业务，还是应该向账户高级主管重新划定销售责任？

随着彼得和罗恩去围绕这一任务展开工作，约翰应该向他们表明，安娜可以为他们的工作进展提供方便，并指定其他（内部和外部）资源来帮助他们。他也应该鼓励彼得和罗恩调动他们的关键人员努力工作，以增加他们在新过程中所拥有的份额。最后，他对于何时完成这一工作应该很清楚，他不应该不现实地要求在 30~45 天内打造出一个高水平的销售和客户关系管理过程的基本轮廓，并界定所有的工作权责关系。

沿着另一条路径，约翰应该向安娜下达任务，要求她确定在像 TopTek 公司一类的企业中销售队伍薪酬管理的最佳方法。当管理团队决定推销员和咨询人员需要有什么新的行为表现和如何才能最好地激励这些人的时候，这一信息将会是很有用的。

成功的销售队伍薪酬计划应针对每一项具体的工作责任来设计。通过佣金计划继续奖励账户代表也许是完全合适的。不过，也可以对佣金体系加以修改，以包括一些新的特征，如纳入销售定额、最低销售标准（解释在当前计划中什么是所谓的"年金"特征）和产品或服务组合目标。而且，向咨询人员引入奖金制度，以其向销售活动投入的努力程度为基础核算奖金，可能是一项聪明之举。在一些负责做解决方案的咨询人员也兼有销售任务的公司里，这是一个常见的做法。

一旦把过程理清楚，且责任被指派到位之后，TopTek公司的高级管理人员继续考虑薪酬计划会要容易得多。一个决策框架将因此而形成，以便就绩效测度指标、目标和赊销进行决策，这些都是一个健康的薪酬计划中的重要成分。工作责任弄清楚之后，要决定对账户代表和咨询人员来说什么样的培训是合理的就更容易了。如果有必要雇佣新的账户代表，那也会变得更容易一些。最后，内部与外部客户沟通能够围绕销售过程这一中心展开，TopTek公司在DigiDeal公司业务上的混乱因而可以被减少或消除。

菲德里哥·图勒嘉诺

菲德里哥·图勒嘉诺是 SG 投资银行公司（SG Corporate and Investment Banking）的总经理。他也是公司设在纽约的美洲客户管理部的副总裁。

我们这些从事金融服务的人倾向于认为，我们的行业与任何其他行业都不同，但是，读了上面这一段对话，我几乎认为有人一直在私下里偷听我召开的公司会议。我们的组织有一个与 TopTek 公司类似的结构，一方面，我们有"客户范围银行家"（coverage bankers）（客户关系经理）；另一方面，我们还有各类专门人员，专门负责各条线上的业务，如资本市场业务、项目融资业务、出口融资业务等。对于我们来说，有赢利的增长极大地取决于混合推销的成功。

当使用一个专业化的团队执行一项复杂的交易，比方说，为乌兹别克斯坦的一家发电厂融资时，我们就有了混合推销的经典例子。项目融资团队有他们的人员充分搜集交易需要的所有信息。那么，我们如何肯定其成员也会在心目中意识到，他们的银行也可以有提供服务的其他方法？比方说，涡轮机必须进口到这个国家,因此,我们就有一项出口融资交易要做。既然必须对这些涡轮机实行外部融资,就会发生一项货币互换交易,也许还会有一个利率互换交易。今天,由于这类对利润回报和杠杆成本基础所构成的压力,我们承受不起错过这些机会所带来的损失。

要抓住更多这样的业务,必须从基本的组织行动开始:产品团队和客户团队必须频繁接触,这样他们能够一直分享最新的信息。在我们的案例中,要确保一个完全透明的信息流,就意味着需要经常召开会议(最好是短期的),需要共享渠道报告,并就识别客户需要与新的业务前景展开大范围的对话。

不过,会造成最大差异的还是培训。产品变化得非常快,真的,即使在银行业也是如此,我们花了大量的时间教我们的客户范围银行家了解它们。学习环境通常是非正式的。五六个银行家可能会在午餐时碰头,听一听业务领域的有关发展,比方说,聊一聊新的税收规定及其影响,聊一聊诸如所谓"绿色租赁"之类的从税收角度来看有效率地融资会如何使得一定的客户受益。这样做的目的是使银行家们能够探测周围的各种机会,使他们能够把球带出最初几码的距离。我们负责产品的专业人员拥有高度专业化的知识,是一种稀缺资源。如果他们中的某一位被带到客户那里,而在五分钟之后,因为一个税收情形,或一个法律限制,或一个结构问题,却发现产品不合适的话,每一个人的时间就白费了。

更为一般的考虑是，培训应该着眼于让两方面的人员建立对各自的工作、对各自看问题的视角和对各自的时间参照系统的理解。一个人可能持一个长期的、全球化的客户关系观点，另一个人可能持一个即刻的、交易的观点。客户范围银行家的工作就是确保客户能够获得一切银行产品，以及一切产品都能够有它们的客户。但是，他需要认识到，在担任交通警察角色的时候，对于他的某些同事来说，他可能看上去像是一个路障。对于负责产品的专业人员而言，他们需要认识到在哪些地方需要小心谨慎。一旦将一个产品交付给客户之后，客户会照发票付款，同一类业务会依然存在。但是，如果销售走过了头或业绩表现欠佳，客户范围银行家必须承担一切后果，而所有的后果都会影响他销售下一个产品的能力。

TopTek公司管理层需要管理这些阵营之间的紧张关系，但是，他们同时要认识到，有些磨擦是不可避免的，而有磨擦并不一定就是坏事情。如果我是约翰·凡特，我不会试图草率地拼凑出一个薪酬计划来获得所要的行为。恰恰相反，我会在治理这一组织功能失调的极端情形的同时，通过培训，通过更多的对话，以及通过对混合推销成功的公开奖赏，来培育一个更好的混合推销环境。

案例六

用另一个名字命名的玫瑰

丹尼尔·B·斯东

When Your Strategy Stalls What Will You Do?

案例提要

汤姆·罗斯（Tom Rose）有很多事情要做。他眼下正要去听他的营销负责人凯茜·马丁（Cassie Martin），就罗斯聚会用品公司（Rose Partyware）历史上最大的一次战略行动——发起有品牌支持的系列聚会用品作一个解说。

罗斯公司制造各种聚会以及其他社交场合用的纸品已经有许多年头了。但是，汤姆最近发现了一个机会，可以让公司突出重围：公司掌握了一种可以改善产品品质与降低成本的新的印刷技术。当罗斯对新的系列产品进行市场测试时，他发现消费者喜欢这类产品，零售商也表达了他们的支持态度。汤姆觉得新技术会给罗斯公司一种所需要的竞争优势，通过这一优势公司可以建立自己的品牌，这样的品牌会使公司领先其竞争对手一筹。

在她的讲解中，凯茜报告说，客户喜欢品牌的概念。但是，建立品牌需要付出比她原先所想的更高的代价。因此，她建议通过略微提高所有拟议中的产品价格来为额外的支出提供资金。而罗斯的国内账户经理汉克·刘易斯（Hank Lewis）则告诉汤姆说，"聚会！公司（Party！）"——罗斯公司的最大客户之一刚刚决定，向客户提供全系列的在它自己名下的聚会用品,并希望罗斯公司为它加工产品。他带来的消息把事情进一步复杂化。如果"聚会!公司"的商店品牌流行起来的话,其他的零售商也会以它为榜样。在这样的情况下,罗斯公司就只有选择做供应商了。

就罗斯公司是否应该推出自己的系列产品这一问题,管理团队产生了不同意见。汤姆需要决定:对于罗斯聚会用品公司来说,什么是最好的营销战略?

有五位评论人员就这一虚构的案例提供了他们的专家意见,他们是科特公司(Cott)的首席执行官福兰克·E.韦斯III(Frank E. Weise III)、锐步国际公司(Reebok International)的首席营销官米琪·潘特(Micky Pant)、沃顿商学院的营销学教授斯蒂芬·J.霍赫(Stephen J. Hoch)、Cubiculum咨询公司(Cubiculum Consultancy)的总裁朱迪思·科斯廷斯(Judith Corstjens)和Insead大学的营销学教授马赛尔·科斯廷斯(Marcel Corstjens)。

汤姆·罗斯不喜欢带着裤子上的冰淇淋渍去参加会议。但是,罗斯聚会用品公司举办的放学后的聚会——一个每月一次对当地社区的友好表示,以及(并非偶然发生的)公司所开发产品的现场试用,已经证实了他的怀疑,有一种新开发的冰淇淋碗看上去太浅了。已经向他表明这一事实的五岁上下的儿童们原来一直坐在他身边。

因此,他手里拿着纸手巾,准备在这里听一个重要的讲解。"开始啊,凯茜,"汤姆对他的营销经理说,"它会变干,或变硬,或变成别的什么东西。谢天谢地,这是我今天要出席的最后一次会议。"

他看得出凯茜·马丁对正要向高层管理团队作讲解感到非常兴奋。一年前,汤姆亲自把她招聘进来,让她为罗斯公司历史上最大的战略行动冲锋陷阵:推出一个有品牌的聚会用品系列。事实上,这是聚会用品行业公司第一次认真考虑的一个打造品牌行动,罗斯公司在这一行业至少已经经营了30年。

聚会用品系列

罗斯公司生产各种各样用于生日或假日聚会或其

他社交场合的纸品,即纸盘、纸碗、纸杯、纸桌布、纸纪念品、绉纸带等。曾经在美国一家最大的纸品公司工作过的汤姆的叔父在20世纪70年代创立了罗斯公司。他亲自驱动公司成长,直到八年前因车祸而与世长辞。

在悲剧发生的前几年,汤姆加入了公司,但他从未指望在那里久待下去。他刚刚从一所文科院校毕业,打算工作一年,然后考虑去读研究生。由于辅修过艺术类课程,汤姆选择在罗斯公司的设计和图片部工作。但是,随着岁月的流失,年复一年,他越来越被他所面临的管理问题深深吸引。他的叔父很快让他在现场进行实习,让他去作推销,访问客户,以便更好地了解那些父母们和准新郎新娘们的需要,以及那些帮助安排聚会的商店老板的需要。过不了多久,汤姆就在罗斯公司的销售部崭露头角,并被推荐承担更多的责任。

当公司的创始人和主席突然去世时,罗斯家族发现自己必须一次又一次地求助于汤姆,因为他是为公司工作的惟一家族成员。随着他们对受到的精神打击渐渐习惯,他们达成了共识,应该让汤姆接过高级管理职位。汤姆勉强同意了他们的请求。他说服他的大学同学杰瑞·戴维斯(Jerry Davis)加入到他的公司,那时杰瑞正在西海岸的一家国内最大的会计师事务所供职,担任首席财务官。不过,他并没有改变高级管理团队的其他人员构成。

在充满挑战的头一年,作为公司的头领,汤姆努力学习企业经营方略,让罗斯公司重新回到因他叔父突然死亡而中断了的增长路径上。在后来的五年,他帮助公司实现收入和利润的持续增长。这在聚会用品行业(能够让人一展企业家才能的最后边疆之一)可不是一件容易的事情。成百上千的小公司以几乎是把产品白白送人的价格销售全系列的聚会用品或几个特色产品,新的竞争者在市场上不断地出现和消失。他们为吸引批量零售商、连锁药店和区域性的大型杂货店的注意而相互竞争,为赢得独立的零售商而相互竞争,这些独立的零售商通过店面、商品目录、以家庭为基础的分销商和网站销售聚会用品。独立客户的规模大到有多个门店、专门销售聚会用品的几家连锁超级商店,小到由所有者管理的许多独家商店,他们靠每月几千或几万美元的销售额来勉强支撑。罗斯公司拥有高端产品印刷能力和广大的业务联系,是业内一群大企业中的一家,它的独家工厂以及它在全国的分销系统拥有300名员工,是纽约州(公司总部所在地)北部地区城镇中的支柱企业。

全新能力

汤姆是在访问德鲁帕(Drupa)——德国印刷和纸

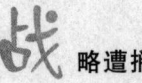

品交易会期间发现他的机会的。这是一个可以让公司突出重围的机会。在展销会上，有一家销售商在到处宣传他的下一代数字影像技术，它可以从印刷厂前端的网络中获取彩色文件，然后将文件直接传送到印刷厂，这样就淘汰掉了费用昂贵的照相制版工艺过程。这一方法仍然还处于原型状态，但它有望加速生产过程，使更短的印刷操作过程成为可行，从而减少成本。汤姆认为，这一技术中最好的部分就是，它实际上可以提高印刷品的品质。

汤姆决定跟着感觉走，在专业咨询工程师的帮助下，他的生产团队改进了新的机器，使之能够使用一些性能更为复杂而且更为耀眼的油墨和上光剂。获得的结果比汤姆所希望得还要好：在聚会用品上的抽象图案似乎在闪闪发光，它可以让哈里·波特（Harry Potter）和福罗多·贝金斯（Frodo Baggins）之类的受人欢迎的人物获得一个近似三维空间的立体效果。当罗斯在市场上对新的聚会用品图案进行测试时，他发现消费者喜欢它们，所有参加市场测试的零售商都说，他们会给新的产品许多展示空间和商品销售支持。

这一下可给汤姆壮胆了。他开始越来越关心这样的事实：罗斯公司可以用诸如"你的生日"、"你的婚礼"和"你的纪念日"之类的通用标签来销售聚会用品。公司名称——他自己的名字，只在塑料包装背面的一个小小的贴画纸上出现，它几乎就是在向人们作信息提示。汤姆觉得，新的系列产品展示了一个发起打造品牌努力的巨大机会。一个根植于产品品质优势的强大品牌将允许罗斯公司走在其竞争对手的前面，甚至，当它们或迟或早在印刷能力方面迎头赶上来的时候也会如此。

当汤姆想在各种会议和各种商品展销会上寻找一个人，希望由他（她）来领导公司打造品牌的努力时，凯茜的名字不断地冒出来。人们不仅欣赏她的创造力，而且欣赏她的业务根基：她在一家市场研究公司有过一段短暂的职业生涯，然后离开公司去读 MBA。毕业之后，她加入了高端玩具连锁店 Toy Pile，并因使它跃入行业前五名而备受赞扬。

一切都是即将开放的玫瑰

汤姆现在看到了证明他本能正确的依据。凯茜的幻灯片告诉他一个了不起的故事。她花了大半年的时间建立起罗斯公司羽翼未丰的营销部门，并准备推出系列品牌产品。她对客户、商业伙伴和零售连锁店进行了广泛的研究，并与多家广告和市场研究机构、促销机构和商社建立了关系。客户喜欢品牌概念，凯茜则被授权作宣传报道。他们认为品牌可以给聚会用品带来可信任感，就像 Crayola（克雷约娜）给蜡笔和 Elmer

（埃尔默）给胶水带来可信任感那样。

"事实上，我们所有零售商的反应也是正面的，"凯茜一边说，一边调出下一张幻灯片。"聚会安排商和零售连锁店认为，品牌的推出为今天看上去像一个大杂烩的东西带来了秩序和刺激。独立商店欣赏以一个他们能够定义其特征的品牌为依托来做广告的主意。"

"惟一的坏消息是，"凯茜继续说，"打造品牌的费用比我曾经为之预算的要高得多，在从事试验性的广告和促销之后，我们发现，我们需要在头一两年内更为经常地发布广告信息。在玩具业，我能够集中在假日时节面向受众进行广告沟通。要一个聚会用品品牌在人们心中'格登格登'，我们的形象就必须一年到头出现在很多杂志上，面向父母的杂志，面向新郎新娘的杂志，面向十多岁少年的杂志，面向更多人的杂志。无论何时人们想张罗一个聚会，我们都必须牢牢抓住这些人。"凯茜将一个广告商富有创意的广告展示沿着会议桌传递给与会的每一个成员。与会人员中的大多数都看过一两个这样的广告。整个广告宣传活动实际上在顷刻之间就造成了轰动。

"我的建议是，略微提高所有品牌产品的价格，为这一额外的支出提供资金，"她调出一张新的幻灯片说，"如诸位所能看到的，我的数字表明，我们应该能够以一个6%～7%的提价来实现我们的目标。在进行成本估算之后，我在诸位的展示簿里面放进了针对六个品牌的研究,相对于未做广告的竞争者的产品而言,这六个品牌以溢价销售仍然能够领导市场。而我们品牌的价差小于所有这几个案例中的任何一个。"

"我并不知道这一点,凯茜,"公司的CFO杰瑞·戴维斯(Jerry Davis)说,"聚会用品一直是一个商品业务,定价高于市场行市会吓坏我的。当人们为聚会而忙不迭地比较各种纸品的时候,他们将总是选择更便宜的产品。"

"客户说情况并不是那样的,"凯茜反驳说。她切换到一张幻灯片以突出强调她的观点。"在我们的研究中,他们一致表示,他们愿意为我们的品牌产品支付比我建议得更高的价格。"

"他们可能说一套做一套,"杰瑞回答说,"当然,当对研究者说话的时候,他们会表态支持高品质。但是,当为20个小孩购买一次性用品的时候,他们很容易说:'谁会注意到其中的差别呢?'"

汤姆插话道:"杰瑞,你的手指头敲在了决策的关键点上。但是,我想给每人一个机会来消化凯茜所展示的内容。正如你所知道的,我们将在下周再开一次会,就这一问题谈出一个结果。"他对凯茜所作的精彩讲解表示感谢,然后结束了会议。

一个棘手的问题

在汤姆走回办公室的当儿,他的国内账户经理汉克·刘易斯从后面追上了他。"能给我一分钟吗?"他问到。

"这可能把事情弄复杂,"汉克说,他返身关上汤姆办公室的门。"还记得我昨天出去走访'聚会!公司'吗?"他指的是罗斯公司的一家最大的客户。"我赶回来还真及时,听到了凯茜的讲解。我要说的情况是,'聚会!公司'已经决定发起这一行业的私有标签业务。它计划向客户提供全系列的印有它自己名称的聚会用品。"

看到汤姆在退缩,汉克赶紧继续说下去。"的确,这是一个坏消息。但是,好消息是,他们想让我们来生产。他们正在作设计和设置具体的技术规格。"

"但是,那可不是我们的业务,汉克,"汤姆回答说,话有一点刺耳。"我们一直是营销商和设计商,而不是印刷商。"

"你最好听我讲完故事,"汉克说,"不管有没有我们参加,'聚会!公司'都准备这样做。公司计划给它的各家商店很多空间和商品陈列支持,并且大幅度减少它所陈设的其他聚会用品的数量。如果我们是供应商,我们会被给予在其余空间中有我们位置的担保。如果我们不是,就没有这个担保了。我不需要提醒您,那可占了我们销售的20%。"

看到他已经抓住了汤姆的全部注意力,汉克加入了更多的细节。他报告说,零售商最初将在100家商店测试该系列产品。"'聚会!公司'将比照其他产品(包括我们的产品)为自己的产品定价,但是,它提议给我们的支付将比目前支付的低15%。而且,我们不必在这些销售上花任何促销费用,促销费用的数额可能是巨大的。价差和促销支出差不多相抵,而且,从净数字来看,我想它对我们来说是一个好的赢招。"

"行了,"汤姆反驳说,"但是,你不去想想我们这样做的生产准备成本有多大。对我来说,这听上去有点像是你指望我们自己的系列产品销售停滞不前。那么,'聚会!公司'是不是要抢占很多销售额?"

汉克又一次紧逼这一问题。"毫无疑问,'聚会!公司'将是一个劲敌,但是,正如我所说的,各家商店将陈设更少的其他产品系列。我认为我们能够保住我们自己的位置,"他边说边准备离开,"也许还会做得好一些。"

在每一个成功品牌的背后

那天晚上,在汤姆开车回家的路上,他忽然意识到自己正面对着一个要么这样要么那样的命题。他很肯定,罗斯公司并没有能力在发起凯茜的打造品牌的努力的同时又去响应"聚会!公司"给出的机会。

他陷入了深思之中,几乎忘记了对女儿的承诺:为她在学校要做的项目配备用品。他又往回走了一英里,去 Office-Mart 买了一些精美的三色贴画板和记号笔,免得空手回家。

在他走向收银处的时候,汤姆在一个专供摆放记录簿的部位短暂地停留了片刻。那里展示了六个品牌,但是,顶层货架和两个底层货架上的商品都印有同样的名字——Office-Mart。当他走到摆放笔记本的通道的尽头时,汤姆也看到 Office-Mart 便笺簿干净利落地展示在那儿。在收银处附近,他还看到一堆小尺寸的 Office-Mart 笔记簿。汤姆回忆起汉克离开他的办公室时所说的话:"你总是说我们应该在每一次挑战之中寻找机会。也许在私有标签产品上我们有一个更大的业务,业务远远不止于这一个账户。"

你其实很难驳倒汉克的推断。如果"聚会!公司"的商店品牌逐渐发展起来,所有其他大大小小的厂商和聚会用品连锁店都可能希望很快推出他们自己的私有标签品牌。在这样的情况下,罗斯公司可能是高品质产品的供应商,已经对如何生产高品质产品胸有成竹的供应商,而且还是风险最低的合作伙伴。

第二天早上,汤姆决定他的第一个谈话对象应该是马吉·丁森,他是罗斯公司负责独立商店业务的销售经理。的的确确,他的心一直扑在这一群客户上。这是一群小规模的零售商,他们除了采购聚会用品之外,还向其客户集中提供略带一点个性化的服务。这个零售商群体有其个性化的特征:他们中的一些人是在孩子们走出家庭之后寻找职业的母亲,另一些人则是餐饮服务提供者和酒类分销商——聚会用品是他们在主要业务之外所销售的重要辅助商品,有些则是只通过Internet销售的网上卖家,所有这些人都曾经给过罗斯公司很多鼓励和好的主意。汤姆总是盼望着在展销会上,或在他们的商店里见到这些人,他感到,他应该为罗斯公司这些年来的成功深深地感谢他们。

汤姆和马吉在他的办公室边聊边喝咖啡,在那里他开始向她说明"聚会!公司"所带来的机遇。要弄清楚马吉会表达什么立场并不需要花太多的时间。"简直是疯了!"听清楚了他所说的一番话的主要用意之后,她马上插话说:"这一个行业不会像是一个小市镇,有一天,任何零售连锁店推出他们自己的产品系列,到了下午五点,所有的人都会知道他在做什么。这是一个忠诚度的检验。每一家聚会安排商,每一家超级市场,每一家药店都试图吃独立商店的午餐。你要么和他们站在一起,要么反对他们。他们意识到我们不会停止向连锁店销售,但是,他们肯定不会期望我们推波助澜,掀起一场把他们冲走的浪潮。在前六个月,你可能会失去他们业务的 8%，那几乎是我们销售额的 35%。你如果将'聚会！公司'正在计划做什么告诉各家独立商店，并请求他们将对我们的产品提供支持升级，而不是去向他们施加压力的话，情况可能会要好一些。你真的认为，如果我们也为'聚会！公司'加工产品的话，他们会支持我们的系列品牌产品吗？别做梦了。"

名字里面有什么

第二天，管理团队再一次聚齐在会议室里。汤姆已经要求汉克将"聚会！公司"的建议说给所有的小组成员听，然后，他们要听马吉的观点。汉克和马吉情绪都很激动，说得比他们先前说的还要更进一步。

"不管我们是不是喜欢它，连锁店是未来的发展方向，"汉克宣称，"我们最好学习如何玩他们的游戏，要不我们就只有与一小帮独立商靠边站，摆摊看热闹的份了。这个行业正在不断发生变化，我们必须与时俱进。"

"汉克，这些年你一直与那些连锁店打交道，你把他们的故事全盘买下了，"马吉顶了回去，"事实是，你简直根本不能相信他们。今天，你是他们的宠儿。明天，他们会为他们所要的系列产品要求少付你一毛钱，然后又少一毛钱。你不是处在一架梯子的底层，恰恰相反，你处于一个滑坡的顶部。"

会场上其余的人并不反对。一位在罗斯公司干了将近20年的产品经理杰克·库克津斯基(Jack Kuczinski)提醒汤姆说,他们拥有一项印刷技术上的突破。"任何人都可以是商品生产者,"杰克开门见山地说,"如果你叔父想在那一个行业干,他会一直待在联合纸品公司(United Paper)。但是,事实是,我们加工的产品比任何人的都要好。任何零售商都无法把我们从他们的店铺里撵出去;如果你问我的话,我会认为打造品牌是大势所趋。这个问题是一个关乎我们是谁和我们是什么的面子问题,我们用不着像帘子后面的人一样偷偷摸摸。我敢打赌,商店里面的每一个人都会有同样的感受。"

公司设计部主任夏洛特·汉恩(Charlotte Hann)是另一位公司元老,他对这些想法表示支持。"我们可以通过设计和品牌做出一番令人振奋的事情,但是,如果我们使用其他人的品牌,我以为在公司里面没有人会觉得非常骄傲,我们就不会有任何影响力。"

"对不起,我恐怕会成为在会上乱放炮的人,"杰瑞跳出来说,"但是,我以为我们这是试图在两个都不太好的主意之间作选择。在品牌打造问题上,你必须退守到这样一点:在该点能够保证我们的产品有竞争力地定价。在这个市场上,任何一个产品要按溢价定价,不管定高价的理由是什么,等待它的只有灾难。就'聚会!公司'的要约而论,我认为我们可以不去理它。如果它取得成功,而我们又是它的搭档,它只会使我们在市场上每一个区块的市场份额走下坡路。如果它失败了,而我们又是它的搭档,损失可能会更大。汉克的数字今天看上去是不错,但是,一旦我们因面临削价的压力而损失掉一大块独立商店的业务,我们就会有麻烦了。我认为这个时候我们必须谨慎行事。"

最后一个讲话的人是凯茜,她总结了她在上一次会议上所说的要点,强调她对一个有品牌支持的产品将会取得巨大的成功充满信心。她显然对团队成员对它是否可行持有怀疑大失所望。"我们从事的每一次试验都表明品牌能够取得成功,"她重复说,"对作为第一个打造品牌者的奖励,对于罗斯公司来说将是巨大的,这不仅仅可以从销售额来衡量,而且可以通过巩固我们在客户中和在交易中的地位来体现。在玩具业,有强大品牌的公司发号施令,商品生产者只会为他忙前忙后。"

当她与汤姆一道朝着她的办公室走去的时候,她有很多话要说。"我不认为打造品牌的机会会永远等着我们,汤姆,"凯茜解释说,"人们可能正在谈论这样一个事实:罗斯公司一直在从事这一领域里的研究,而这件事或迟或早要有人去做。如果不是我们去做,我会很伤心,它将意味着这里不会有太多的角色需要我扮演。你的销售人员可以自己管理产品广告和促销开支,这些事情也就是那么多了,用不着我来做,也用不着给我付工资。"

进退两难的罗斯公司

四个星期之后,汤姆在一架飞往"聚会!公司"总部的飞机上。在他的笔记本电脑里存有两个 PowerPoint 展示文件。一个展示将说明他为什么会对"聚会!公司"计划发起一个商店品牌和罗斯公司的系列产品会与之同步增长感到振奋。另一个展示则说明,罗斯公司推出新的系列品牌产品对于"聚会!公司"展开其试验性产品发布,以及在作最后决定之前评估罗斯公司新的系列品牌产品对其销售的影响是非常重要的。尽管飞机在跑道上已经停稳,汤姆仍然不敢肯定他应该何去何从。

对于罗斯公司来说，什么是最好的营销战略？

福兰克·E.韦斯 III

米琪·潘特

斯蒂芬·J.霍赫

朱迪思·科斯廷斯西马

赛尔·科斯廷斯

福兰克·E. 韦斯 III

福兰克·E. 韦斯 III 是设在多伦多的科特公司的董事会主席、总裁兼首席执行官。

如果我是汤姆·罗斯,我会为我的业务机会激动不已,而不用担心来自零售商的品牌威胁。我会与我的大零售商客户结成伙伴关系,从而可以更好地了解他们对聚会用品的独特的渠道安排方法,并且试图开发能为零售商和我的公司带来更高销售额和利润的产品。

> 汤姆应该认识到,美国零售业正处于一个大的整合过程之中。

汤姆应该认识到,美国零售业正处于一个大的整合过程之中。随着大型零售商变得越来越强大,他们会继续为他们向购物者提供的服务打造品牌,为他们销售的产品打造品牌。零售商的品牌为连锁店提供了某种细分它们自己的方法和与客户发展直接关系的方法。由于他们能以更便宜的价格给出同样多的或更多的价值,大多数客户都喜欢他们。对于连锁店来说,陈设零售商的品牌也会有利可图。在食品行业,零售商品牌给零售商的毛利一般会高出国内品牌的10%。所以像加拿大的 Loblaws、美国的沃尔玛(Wal-Mart)之类的连锁店都创造了强大的零售商品牌,如 President's Choice 和 Sam's Choice。

当选择销售商时,大多数零售商会将价格作为几个影响因素中的一个来处理。他们喜欢以三种方式与能够向他们的经营活动增加价值的公司捆绑起来。在第一种方式中,大多数零售商寻找能够开发新产品、开发更好的包装和开发商品管理与促销工具的供应商。在第二种方式中,他们珍视那些能够管理整个供应链(如一直管到店面存货)的销售商。在最后一种方式中,他们期望供应商建立对消费者更深的理解,从而能够为他们管理产品类别。这类产品类别经理不仅要预测需求倾向,而且要预先考虑最优的货架设置和在货架之下沿整个供应链组织商品的机会。

由于罗斯公司是市场领导者,汤姆应该建议"聚会!公司"指定他的公司作为聚会用品类别经理。他应该建议在每一家商店建立一个有专门指定的零售货架空间的聚会产品区,从而使产品看上去整齐有序。购物者80%的购物决定都是在销售点作出的,其中42%的决定是在五秒钟之内或更短的时间内作出的,因此集中展示产品将增加销售额。汤姆也应该将其建议定位为一个节约成本的机会,因为聚会产品区允许"聚会!公司"减少它目前所陈设的相互竞争的聚会用品品类和花色数目。最后,罗斯公司应该提议管理连锁店的聚会用品存货及其促销活动,后者的管理可以以月度为基础;或者,如果消费者本身特点差异允许的话,就以地区为基础。

就像汤姆将要发现的,类别管理将会带给他的公司几个无形的好处。比方说,我猜想罗斯公司可能会发现,它生产了很多纯粹只以价格为基础来销售的商品类产品,这些产品是建立零售商品牌时的理想候选者。但是,汤姆也会发现,他可以为一定的非商品类产品打造品牌,并收取较高的价格。在这种情形下,罗斯公司可以创造多个品牌,并从分销渠道、关键客户和产品用途(如生日和婚礼)几方面对它们进行细分。比方说,消费者愿意为购买婚礼聚会用品所花的钱比他们愿意为购买假日聚会用品所花的钱要多。

不过,罗斯公司应该完全集中于包装设计,因为它将影响消费者的购买决策。因为每一类商品类别的规模和公司资源有限的缘故,我不会建议在其他方面(比方说,通过一个创造国内品牌的计划)做很多的营销投资。因为罗斯公司通过如此多的不同分销渠道来销售它的产品,一个创造品牌的大的努力也不可能达到预期的目标受众。

汤姆也需要向其高级管理人员灌输他的新的公司

愿景。他应该向他们清楚地说明零售市场的驱动力在不断地变化,清楚地说明对商品类别管理的需要和与罗斯公司的零售客户紧密合作的重要性。我相信,变化为那些能够预见它的人们带来的只是机会。

米琪·潘特

> 米琪·潘特是设在马萨诸塞州坎顿市的锐步国际公司的首席营销官。

要我说的话,还是跟着凯茜·马丁往前走吧。汤姆应该创造一个品牌,并为品牌开发进行投资。对于一家小公司来说,它看上去也许像是一件做起来有很大风险的事情,但是,如果选择不去做它,风险可能会更大。

汤姆可能会听到三类反对建立品牌的标准性意见。第一,他会被告知在聚会用品业打造品牌并不重要,因为大多数人并不定期购买这类产品。第二,有人会争辩说,建立品牌知名度将花掉公司很大一笔金钱,从价格优势来衡量,罗斯公司的竞争对手在短期内可能胜过罗斯公司。第三,批评汤姆的人将指出,大的零售商决不会允许供应商试图建立自己的品牌,从而能够实现溢价定价。因此,在近期内,罗斯公司将丧失收入。不过,从长期来看,这些观点将被证明都是虚假的。

我还没有听说过有这样的产品类别——对于这类产品来说品牌并不重要。每年都会产生出越来越多的企业,这些企业都是通过为从前属于商品一类的东西创立品牌而建立起来的。在一个越来越带敌意的世界里，品牌能够提供由熟悉所带来的舒适感，卑微的纸杯和纸盘亦不例外。如果我没有记错的话，在纸品业，成功打造品牌的最早例子之一是斯各特纸品公司（Scott Paper）创立的卫生纸品牌。显然，就创立品牌而言，卫生纸并不是一个比聚会用品更值得考虑的候选对象。霍尔马克公司（Hallmark）使其印有文字的文具为消费者所熟悉，因此，它也能够为它的产品索要溢价。聚会通常是欢乐的场合，在那里，消费者为把事情做得漂亮会心甘情愿地多花7%。

要罗斯公司去创建一个品牌将会花费不少费用，但是，由此发生的费用不一定就高得不可承受。汤姆若能记住做广告并不是建立品牌知名度的惟一方法的话，他会把事情做得很好。最重要的品牌载体是产品本身。别出心裁的品牌名称设计和产品标志的创造性使用，可以带来意想不到的效果。一个标志一旦明确地用于一个产品之后，将在所有的聚会上成为一个品牌大使。当然，我也会集中力量开发独一无二的产品包装和销售点展示材料。这些东西都不贵，可以被用来建立产品在消费人群中知名度的基础。

汤姆应该记住，零售商是品牌和品牌创立活动的敌人。在他们眼中，品牌互相开战，浪费金钱，这对他们没有丝毫好处。只要商店的商品销售量增加，零售商根本就不会在意消费者购买哪一个品牌。他们过分看重定价的重要性,永远从供应商那里寻求更大的折扣和利润边际。一家供应商可以越过零售商,通过与消费者保持直接的关系建立强大的业务。制约零售商力量的惟一办法就是建立你自己的品牌实力。

如果帮助"聚会!公司"去建立品牌,尽管汤姆在短期内可能会挣到一些钱,但是,罗斯公司最终会搬起石头砸自己的脚。随着零售商品牌实力的增加,罗斯公司将会受到减少其利润边际的压力。汤姆必须依靠技术创新(如最近他所投资支持的印刷工艺技术)才能维持公司的生存,但是,这也并不能提供什么担保。打造品牌有如为公司准备好一个飞轮,它在创新能力不足或市场需求下降的时候仍然可以保持公司的发展势头。

当然,汤姆不必要疏远他自己的最大客户。他应该探讨两家公司如何才能最好地合作,而不必事先推出一个固定的行动路线。由于罗斯公司品牌打造项目的细节一直没有最后定案,汤姆只需要向"聚会!公司"的最高管理层提及该项目。不过,他应该坦白地告诉该公司,他对"聚会!公司"一旦发起私有标签品牌之后,他自己的公司会被怎样地边缘化表示关心。

汤姆应该授权凯茜发起一个聚会用品的品牌系列,尽管他应该事先警告杰瑞,要求他防止任何广告开支上的挥霍浪费。在罗斯公司未来建立品牌的道路上,磕磕碰碰还会不断,但是公司至少已经踏上了品牌打造之旅。

斯蒂芬·J.霍赫

斯蒂芬·J.霍赫在位于费城的宾夕法尼亚大学沃顿商学院拥有约翰·波莫兰茨(John J. Pomerantz)教授职位,并担任营销系主任。他与沃顿商学院的霍华德·康路德(Howard Kunreuther)是《决策》(*Making Decisions*)一书(John Wiley & Sons,2001年)的共同编辑。

当汤姆·罗斯宣称"我们一直是营销商和设计商,而不是印刷商"的时候,他既说对了,又说错了。对的是,罗斯公司已经表明了设计、印刷和制造高品质纸品的能力。这一技术能力允许公司生产一个系列产品,对于该系列产品公司完全可以向消费者收取一个小小的溢价。因为新系列产品的高品质和公司把重点放在通过独立商店销售其产品(在那里购物的消费者通常对价格不那么敏感),罗斯公司可以把这一份溢价径直拿走。

但是,当他说罗斯公司在过去十多年已经成为营销者的时候,汤姆的话并没有说对。几乎没有证据表明,罗斯公司已经在打造品牌和创造促销方法方面拥有了核心能力。直到如今，罗斯公司似乎都要完全依赖其零售商客户的推动力来促进销售。事实上，罗斯公司可能没有市场支配力来为其提供给零售商的品牌产品托起一个更高的价格。因此，当凯茜可能有能力创造一个品牌的时候，这一品牌也许不会具有汤姆所希望的资产价值。

在聚会用品门类创造一个品牌的好处并不明显，因此，罗斯公司的竞争对手没有一家已经推出了品牌。另一个原因是，公司为了吸引不可预测的产品购买行为，而将品牌知名度维持在客户"心中的最高位置"，需要付出高昂的代价。例如，假日聚会只在一年中的一定时间举行，其他种类的聚会可能会在任何时候举行。因此，如罗斯公司那样的聚会产品生产者除了在正确的时间和正确的地点依靠零售商外别无选择。

汤姆应该向私有标签业务进军，因为这与销售具有低知名度的国内品牌没有什么不同。这样做，由于零售商只与一家供应商打交道会产生高的采购效率，罗斯公司可以与"聚会！公司"一起获得一些额外的好处。汤姆也可以用这一道理来说服连锁店继续陈设他公司生产的非品牌类聚会用品。由于罗斯公司的利益范围变得与"聚会！公司"更加相似，他们能够更好地协调他们的努力。

汤姆在这一情形下需要做出的关键决策与产品品质相关。我的研究表明，公司的惟一出路在于采取高品质路线。零售商可以销售更多的私有标签产品,赚更多的钱,并通过销售顶级的商品建立他们自己的品牌资产价值。汤姆应该说服"聚会!公司",因为拥有高品质的特色产品和创造性的设计符合每一家公司的利益。如果"聚会!公司"短视地坚持销售廉价的低品质产品,他应该把这家零售商的要约撇在一边,并把他的想法传递给某些其他的大型零售商。

汤姆不能保护独立的零售商。正如杂货店与零售药店的淘汰出局所清楚表明的,零售业的合并活动是不可避免的。但是,独立商店不会在一夜之间消失,它们需要有某些东西来保持罗斯公司产品的新颖性,使之依然能够激动人心。投资于相对来说并不需要太高费用的品牌建设努力,诸如更好的包装和销售点展示,将允许汤姆向独立的零售商提供附加值。如果汤姆决定生产"聚会!公司"的系列产品,他们一定会感到被出卖了。

如果罗斯公司已经建立了一个已经形成气候的强大的国内品牌,我会说,汤姆应该坚守住其现有的品牌,继续在高品质产品上进行投资,而让其他人去做私有标签产品。国内品牌制造商向零售商供应私有标签的例子我知道得并不太多,即使他们中的大多数人玩味过这个主意。我想他们不这样做是正确的。品牌的经济学和私有标签的经济学有所不同,这样一来,组织在新产品开发与品牌建设方面所设置的重点必须有所改变。这就是为什么许多大型医药公司在20世纪90年代早期在普通产品市场留下大笔投资之后又要离开该市场的原因。

朱迪思·科斯廷斯和马赛尔·科斯廷斯

朱迪思·科斯廷斯在伦敦经营 Cubiculum 咨询公司，马赛尔·科斯廷斯是法国枫丹白露 Insead 大学的尤尼莱弗（Unilever）营销客座教授。他们是《商店之战——为心灵空间与货架空间而战》（*Store Wars：The Battle for Mindspace and Shelfspace*）一书（John Wiley & Sons，1999 年）的共同作者。

汤姆·罗斯先是为发起聚会用品类的系列品牌产品而犹豫不决，现在又摇摆于要不要去做私有标签产品的承包商。是汤姆应该表现出更加果断的领导风格，为他的家族对他的信任找到证明理由的时候了。他应该打消两者都做或者两者都不做的想法。与"聚会！公司"合作将创造一个私有标签产品系列，而要在同时推出一个系列品牌产品就不现实。汤姆并没有资源保证他同时做好这两个项目。

此外，"聚会！公司"已经因为想要创造一个有价值的私有标签而与罗斯公司接触。如果这家零售商想要以最低价格销售聚会用品，它本来应该去找一家亚洲的供应商合作。如果"聚会！公司"和罗斯公司同时发起系列品牌产品，他们结果将为相同的客户竞争，他们亦无法让两个品牌同时取得成功。

　　如果汤姆什么也不去做，这就等于向竞争对手打开了大门，让他们在两方面都捞到了机会。他可能在后来发现，自己要一个劲地在商品市场发起开发私有标签的努力，要不他就会悔恨地看着竞争对手在同行业领域率先推出品牌，从而威胁罗斯公司在市场上的主导地位。

　　汤姆虽然小心谨慎地研究了推出一个系列品牌产品的可能性，但他还没有认真地估计私有标签业务带给他的机会。事实上，罗斯公司高层管理团队的讨论重在情感，轻在事实。汤姆应该记得，许多商业机会有望使第一个进入者获得很高的回报，但是，成功会吸引竞争对手，并减少利润边际。只要他相信他的公司可以在长期维持一个成本优势，他就应该步入私有标签业务领域。

　　汉克关于与私有标签供应商谈判可以得到一个交换条件，为其品牌争取到在零售商的店面里的更多展示空间和更好的展示位置的观点是靠不住的。零售商只有在消费者需要时才会陈设一个品牌产品。相信通过剩余生产能力从事额外生产会使得大的、利润低的私有标签合同有利可图也是错误的。汤姆绝不会希望他的产品与商店的品牌竞争。如果他错误地相信零售商的逻辑,只收取生产私有标签产品的边际成本的话,当剩余生产能力用尽,当业务积累、机器老化而需要就新的能力进行投资的时候,罗斯也会面临一个进退两难的困境。

汤姆应该推出罗斯公司自己的品牌产品系列。如果品牌不能为消费者的真正目的服务,或者,如果私有标签能够同样好地担当这一角色的话,创造一个品牌是没有意义的。但是,许多品牌都是因应一些机会而创造出来的,如 Covent Garden 的汤料、Muller 的酸奶、Tropicana 的橘子汁等。在汤姆对消费者的关注与凯茜的创造力和自信心之间似乎存在某种东西,有了它他们大可以去作一次尝试。

一旦罗斯公司已经翻新改进了所有的聚会用品,零售商可能在其价格保护伞之下推出私有标签。如果汤姆想占领私有标签业务,他应该将此机会作为一个独立项目的活动来评估。同时管理两个业务会使罗斯公司很难与只集中精力做私有标签的供应商竞争,甚至很难与公司自己的品牌竞争。汤姆如果能从诸如联合饼干公司(United Biscuits)之类的命运中吸取教训的话,可能会把事情做得更好,因为私人商标与品牌业务之间虚幻的协同效应曾经使得联合饼干公司大受其害。

我们常常看到一些组织固执地想要选择一个最优的战略。然而,常常就不会有一个最优的战略。使用好几个战略可能会导致可持续的优势。与战略同样重要的是在战略背后的决心。汤姆必须考虑他的团队能够为他所选择的战略付出努力的程度,如果他选择打造品牌的选项,他会与公司的精神更加合拍。就建立与客户的直接联系进行投资,是汤姆能够获得的可以保证罗斯公司在将来支付他养老金的最好机会。

案例的作者简介 ……

案例的作者简介

福特·哈丁（Ford Harding）：总部设在新泽西州梅普尔伍德的哈丁公司的创办人。该公司面向专业销售公司提供管理咨询。

保罗·衡蒲（Paul Hemp）：《哈佛商业评论》的高级编辑。

朱利娅·柯比（Julia Kirby）：《哈佛商业评论》的高级编辑。

沃特·库莫尔（Walter Kuemmerle）：哈佛商学院的副教授。

丹尼尔·B. 斯东（Daniel B. Stone）：伊利诺斯州默尔罗斯工业园的阿尔伯特—卡尔沃公司主管对外联络的副总裁。

约翰·斯特拉兴尼奇（John Strahinich）：作家兼编辑，曾任《波士顿杂志》和《波士顿商业杂志》的高级编辑。

托马斯·J. 韦特（Thomas J. Waite）：众多组织的战略咨询师。